パリ五輪 注目の日本人選手完全ガイド

酒井政人、田坂友暁、柳川悠二、矢内由美子 ほか

宝島社

目次

男子バレーボール　004
石川祐希、髙橋藍、山本智大、関田誠大

女子バレーボール　008
古賀沙理那、石川真佑、岩崎こよみ、林琴奈

体操　012
橋本大輝、岡慎之助、杉野正尭、谷川航、萱和磨、宮田笙子、岡村真、岸里奈

陸上　020
北口榛花、泉谷駿介、池田向希、サニブラウン・ハキーム、田中希実、三浦龍司、真野友博、橋岡優輝、豊田兼、佐藤拳太郎、前田穂南、小山直城

柔道　032
阿部詩、阿部一二三、舟久保遥香、角田夏実、橋本壮市、斉藤立、ウルフ・アロン、永山竜樹、素根輝、村尾三四郎、永瀬貴規、新添左季、髙山莉加、髙市未来

男子フェンシング　046
加納虹輝、飯村一輝

女子フェンシング　048
江村美咲、東晟良

レスリング　050
須﨑優衣、藤波朱理、櫻井つぐみ、元木咲良、鏡優翔、文田健一郎、樋口黎

BMXフリースタイル　057
中村輪夢

ブレイキン　058
半井重幸、福島あゆみ、湯浅亜実

サーフィン　061
五十嵐カノア

スケートボード　062
赤間凜音、開心那、小野寺吟雲、西矢椛、堀米雄斗

ボクシング　067
岡澤セオン

男子サッカー　068
山田楓喜、平河悠、松木玖生、藤田譲瑠チマ

女子サッカー　072
長谷川唯、長野風花

卓球　074
戸上隼輔、早田ひな、篠塚大登、平野美宇、張本智和、張本美和

バドミントン　080
奈良岡功大、山口茜、東野有沙、渡辺勇大、松山奈未、志田千陽

競泳　086
瀬戸大也、本多灯、池江璃花子、松下知之、大橋悠依、平井瑞希、青木玲緒樹、鈴木聡美

マラソンスイミング 南出大伸、蛯名愛梨 094
アーティスティックスイミング 比嘉もえ、安永真白 096
飛び込み 三上紗也可、玉井陸斗 098
水球 渡邉太陽、稲場悠介 100
スポーツクライミング 森秋彩、楢﨑智亜 102
セーリング混合470級 吉岡美帆、岡田奎樹 104
男子バスケットボール 渡邊雄太、八村塁 106
女子バスケットボール 馬瓜ステファニー 108
アーチェリー 古川高晴 109
自転車・女子トラック 佐藤水菜 110
トランポリン 森ひかる 111

はじめに

7月26日からパリ五輪が始まる。この本は、五輪で活躍が期待できる選手を集めたものだ。カバーには100人と書いてあるが、実際は108人載せている。

8人はおまけではなく、本当はもっと載せたいのだが、欲張ってしまうと全員になってしまうので、紙面の許す限りギリギリで掲載させてもらった。五輪を見続けて何十年とたつが、日本人は強くなったものだ。それも一種目ではなく、数多くの種目でメダルが期待できる。

本の発行の都合上、まだ、パリ五輪が決まっていない選手も掲載している。もしかすると、出場できないかもしれない。しかし、スポーツの大会は五輪だけでなく他の大会もあるので、知っておくと楽しみが広がっていいだろう、と思ってほしい。ちなみに、ここに掲載の選手の情報は2024年5月28日時点でわかっている範囲である。

種目ごとに注目選手の解説も掲載した。スポーツの各ジャンルに精通している筆者が書いているので、それだけ読んでも五輪が待ち遠しくなるはずだ。

それでは、ワクワクドキドキしながら、眠れない夜をお過ごしください。

（編集部）

※年齢はパリ五輪開催時。敬称は略

パリ五輪2024
JAPAN TEAM

男子バレーボール

メダル獲得でお家芸復活へ

絶対的エース
石川祐希

いしかわ・ゆうき、1995年生（28歳）、愛知県岡崎市出身、身長192㎝・体重84kg、セリエAシル・サフェーティ・ペルージャ所属、アウトサイドヒッター

メダルを獲るべきチーム

まず近年躍進著しい男子から。リオ五輪最終予選では敗退したが、OQTの修羅場を経験した石川祐希、司令塔・関田誠大らが牽引した東京五輪は29年ぶりにベスト8に進出。

昨年夏はネーションズリーグで38年ぶりに世界大会銅メダルを獲得した。五輪出場権も昨年秋に日本で開催されたワールドカップ（OQT）で獲得済み。

イタリア一部セリエAで9シーズンプレーし、今季は強豪のペルージャに移籍した石川主将。「日本はメダルを獲るべきチームだと思っている」と胸を張る。

またイタリア代表のアレッサンドロ・ミケレットからも意識されるリベロ山本智大のスパイクレシーブは従来の「つながらないからつまらない」男子バレーの常識を変える。つなぎの一つの大きな要因は同じくセリエAで活躍する高橋藍。リーグでプレーオフに進み、

次の日本を背負うアタッカー

髙橋藍

たかはし・らん、2001年生（22歳）、京都府京都市出身、身長188㎝、体重83㎏、サントリーサンバーズ所属、アウトサイドヒッター

石川のチーム・ミラノを上回る準優勝で来季はSVリーグとなるサントリーに凱旋帰国。改革されるSVリーグの目玉となる。

やっと花開いたミドルブロッカー

司令塔の関田は170㎝台とVNL参加国中最小のセッターだが、相手ブロッカーを翻弄し、乱れたサーブレシーブからでもトスにできる最強の司令塔だ。

日本男子が長年弱点と言われてきたミドルブロッカーもベテラン3人がようやく才能を花開かせた。ブロック小僧の髙橋健太郎、オフェンス特化ながらもブロックも進化した山内晶大、バランス型の小野寺太志。小型だが機動力のあるエバデダン・ラリーが食い込めるか。またサイドには最年少の怪童・甲斐優斗、オールラウンダーの大塚達宣が控える。

VNLの第1週ブラジルラウンドでは、セリエAのプレーオフで最後までプレーした石川と髙橋藍はチームに帯同せず、外部から見

つなぐバレーを 男子バレーボール

リベロで拾いまくる

山本智大

やまもと・ともひろ、1994年生（29歳）、北海道江別市県出身、身長171㎝、体重69㎏、パナソニック・パンサーズ所属、リベロ

れば「飛車角落ち」での参加となった。しかも対戦相手は全てまだ出場権を獲得していないためガチで来る。そこで3勝1敗、キューバにはマッチポイント8回をしのいでの大逆転勝ちはパリ五輪本戦にも経験が生きるだろう。世界中に男子日本代表のファンがいるのも心強い。

必ず出場してメダルを

女子は昨年ワールドカップにおいて勝てば出場権獲得の最終戦でブラジルにフルセットで競り負け、出場権獲得は今年度のVNLへとまわった。

眞鍋政義監督は今年度から招集したベテランセッターの岩崎こよみをスタートからぶつけ、世界ランク1位のトルコにフルセットに持ち込んで粘り勝ち。ランク上のチームに勝つと大きくポイント数が増えるため、この勝利は大きかった。

「戦術・古賀紗理那」と言われたほどに主将の古賀にボールを集め

日本代表の司令塔
関田誠大
せきた・まさひろ、1993年生（30歳）、東京都江東区県出身、身長175㎝、体重71㎏、ジェイテクトSTING所属、セッター

決めきった。第2試合のブルガリア戦、第3試合のドイツ戦まで古賀中心の攻撃で固め、連勝で突っ走る。

第1週最後のポーランドにはストレート負けを喫するも、まだ五輪への道は繋がっている。先発セッターを岩崎で固めるなら、セカンドセッターをどうするか。またリベロも昨年とは異なり積極的に指示を出す小島満菜美を起用。ベテランの声掛けでアタッカーとセッターの雰囲気を良くしたいところ。

兄妹で活躍

チームの要は攻守でチームを支える石川真佑と林琴奈。二人とも170㎝台のバレー界では「ちびっこ」だが、特に石川は昨季イタリア一部セリエAで揉まれ、高いブロックと常に強い海外のサーブを受け続け、大きく成長して代表に帰ってきた。兄・石川祐希にもアドバイスを受け、イタリアでも順調にプレー。

ぜひパリで活躍を!

女子バレーボール

目標の木村沙織を超えるか!

古賀沙理那

こが・さりな、1996年生（27歳）、熊本県大津町出身、身長180㎝、体重66kg、NECレッドロケッツ所属、アウトサイドヒッター

林も眞鍋ジャパンスタート当初からライトを堅守。バックライトも試みる。林が守備型ライトなため、林の交代要員に少し苦労している眞鍋監督。今は攻撃型の和田由紀子を併用。

フランスリーグに挑戦した井上愛里沙、高さが魅力の宮部藍梨、そして東京五輪後メンタルを病んで休養した宮部のアンダーカテゴリ時代からの盟友・黒後愛がどこまで力を発揮できるか。男女ともセカンドセッターを誰にするかが悩ましい。五輪本番では男女ともメダルを期待されている。

（中西美雁）

イタリアで世界的プレーヤーに

石川真佑

いしかわ・まゆ、2000年生（24歳）、愛知県岡崎市出身、身長174㎝、体重65㎏、セリエAイーグル・ゴルゴンゾーラ・ノヴァーラ所属、アウトサイドヒッター

 ※日本の女子バレーボールチームのパリ五輪出場はまだ決まっていません（2024/5/28現在）。

女子バレーボール

出場すればメダルは近い

ベテランの凄みを見せろ

岩崎こよみ

いわさき・こよみ、1989年生（35歳）、東京都狛江市出身、身長175㎝、体重67㎏、埼玉上尾メディックス所属、セッター

つねにブロックアウトを狙う

林 琴奈

はやし・ことな、1999年生（24歳）、京都府京都市出身、身長173㎝、体重60kg、JTマーヴェラス所属、アウトサイドヒッター

体操

男子は金、女子はメダルを狙う

団体、個人、鉄棒の金を狙う

橋本大輝

はしもと・だいき、2001年生（22歳）、千葉県成田市出身、身長167.5㎝、体重57㎏、セントラルスポーツ所属、得意種目は鉄棒

絶対的エース橋本

体操のパリ五輪代表は男女ともそれぞれ5人。男子は最大の目標としている団体金メダル獲得に向け、期待の高まるメンバーが揃っている。

エースは19歳の時に出た東京五輪で個人2冠に輝いた橋本大輝だ。今春、大学を卒業。社会人1年目としてパリ五輪に臨む22歳の持ち味は、世界一を誇る高難度の演技構成だ。14点台に乗せれば高得点と言われる中で橋本は全6種目中、つり輪を除く5種目で15点前後の超高得点をマークしてきた。

とりわけ圧巻なのは東京五輪でも金メダルに輝いた鉄棒。冒頭に組み込む「アドラーハーフからのリューキン」という手放し技を含む連続技は世界でも橋本しか繰り出せない大技だ。パリでは2大会連続で個人総合との個人2冠を目指しており、いずれも着地が決まれば金メダルの可能性は高いと言える。

個人総合でもメダルの一角に

岡 慎之助

おか・しんのすけ、2003年生(20歳)、岡山県出身、身長155㎝、体重54kg、徳洲会体操クラブ所属、得意種目はつり輪

総合のメダルを狙う岡

橋本とともに個人総合のメダルを目指しているのは、今回のチーム最年少選手、20歳の岡慎之助だ。特徴は柔軟な体ならではの基本に忠実な美しい演技。18歳まで出場する世界ジュニア選手権を16歳の時に制した逸材は、22年に負った右膝前十字靱帯断裂の大けがを乗り越えて立つパリの大舞台でしっかり実力を発揮すればメダルが見えてくる。

男子全員にメダルの可能性

男子の個人メダル候補はこの2人だけではない。25歳にして初の五輪メンバーに選ばれた杉野正尭は、あん馬と鉄棒でいずれも金メダルを視野に入れている。身長170㎝。体操選手としては大柄な体格を生かしたダイナミックな演技は見応え十分で、素人にはややわかりにくいあん馬でも見る者をハッとさせるような大技を持っている。

体操

種目別でもメダル量産へ

あん馬と鉄棒で金を!

杉野正尭

すぎの・たかあき、1998年生(25歳)、三重県出身、身長170㎝、体重60㎏、徳洲会体操クラブ所属、得意種目はあん馬、鉄棒

特に片手旋回を組み合わせたH難度の複合技は見応え十分だ。ドキドキさせられるという意味では鉄棒も同じ。冒頭に組み込むF難度の「ペガン」という手放し技は、背面車輪から空中に飛び出して回転し、体を半分ひねるところで必ず会場から「オーッ!」と声が出る。見ていて楽しくもある演技でパリの観衆を沸かせるに違いない。

東京五輪に続いて連続で代表入りした谷川航は跳馬で世界でも滅多に見られない「リセグァン2」という大技を持っており、こちらも金メダルは射程内だ。また、東京五輪であん馬の銅メダルに輝いた萱和磨は、あん馬と平行棒で表彰台を狙える力を持っている実力者。5人全員が個人メダルを狙えるように今回の陣容はバランスも非常に良く、ライバルの中国を抑えて2大会ぶりの頂点を期待したい。

女子も団体でメダルを狙う

女子は5人全員が10代で、全員

跳馬で金も射程内

谷川 航

たにがわ・わたる、1996年生（28歳）、千葉県船橋市出身、身長160㎝、体重53㎏、セントラルスポーツ所属、得意種目は跳馬

が五輪初出場というフレッシュな顔ぶれがそろった。目指すのは1964年東京五輪以来60年ぶりの団体メダルだ。

エースは19歳の宮田笙子。抜群の脚力を武器とし、跳馬とゆかで高得点を稼ぎ出す。特に跳馬の「ユルチェンコ2回ひねり」は安定感がすばらしく、この種目で個人メダルを狙いにいく可能性もある。

もう一つ、団体メダルのゆくえを左右しそうなのは平均台だ。幅10㎝、高さ125㎝の台の上で繊細なバランス感覚が求められるこの種目は、21年、22年の世界選手権で日本勢が2年連続金メダルを獲っており、今回は昨年のアジア大会金メダリストである岡村真に期待が懸かる。また、宮田も16歳の岸里奈もこの種目を得意としており、日本はここで点を稼ぎたいところだ。

そして、団体メダルの鍵を握るのはゆかだ。宮田にとってゆかは元々得意としてきた種目であり、

体操

女子も団体でメダルを狙う

あん馬と平行棒でメダルを!

萱 和磨

かや・かずま、1996年生（27歳）、千葉県船橋市出身、身長163㎝、体重52㎏、セントラルスポーツ所属、得意種目はあん馬、平行棒

冒頭に組み込むＨ難度の「チュソビチナ」は高さに加えて伸身姿勢の美しさが素晴らしく、高得点の原動力となっている。また、ゆかではもう一人、岸にも注目したい。宮田とは異なるＨ難度の「シリバス」という大技を持っており、２人が揃って成功すれば悲願のメダル獲得に大きく近づくだろう。

（矢内由美子）

抜群の脚力を持つ女子のエース

宮田笙子

みやた・しょうこ、2004年生（19歳）、京都府出身、身長151㎝、順天堂大学所属、得意種目は跳馬、ゆか、平均台

体操

この二人の活躍がメダルを決める

アジア大会平均台で金

岡村 真

おかむら・まな、2005年生（19歳）、三重県出身、身長151㎝、相好体操クラブ所属、得意種目は平均台

H難度の「シリバス」を持つ

岸 里奈

きし・りな、2007年生（16歳）、埼玉県戸田市出身、身長147㎝、戸田市スポーツセンター所属、得意種目はゆか

メダル期待の二人

陸上

女子やり投げ初の金メダルを

北口榛花

きたぐち・はるか、1998年生（26歳）、北海道旭川市出身、身長176㎝、体重86㎏、JAL所属、自己ベスト67m38（WR72m28）

女子フィールドで初を！

日本勢は昨夏のブダペスト世界陸上で大活躍。今夏の期待値も高い。なかでも金メダル候補となるのが女子やり投げの北口榛花だ。

22年のオレゴン世界陸上で銅メダルを獲得すると、昨夏は最終6回目の大逆転で金メダルをゲット。昨季は自身が持つ日本記録を67m38まで伸ばして、日本人初となるダイヤモンドリーグの優勝も経験した。

今季も5月のセイコーゴールデングランプリで逆転Vを飾るなど、勝負強さは健在だ。これで昨年6月末から10連勝を記録。そのうち8試合で最終投てきに、その日最高のスローを見せている。

日本は女子のフィールド種目で五輪のメダルは一度もない。21年の東京五輪はケガの影響で12位に終わったが、逆転の女王がパリの夜空にビッグアーチをかけるだろう。

110mHでメダルを狙う

泉谷駿介

いずみや・しゅんすけ、2000年生（24歳）、神奈川県横浜市出身、身長175㎝、体重69㎏、住友電工所属、自己ベスト13秒04（WR12m80）

足をつりかけても入賞

男子にもメダルを狙える才能がいる。まずは男子110mハードルの泉谷駿介だ。

　高校時代はインターハイの八種競技で優勝。順大時代は跳躍ブロックで練習を重ねながら、110mハードルで独自の進化を遂げた。

　東京五輪は日本勢として57年ぶりに準決勝に進出すると、ブダペスト世界陸上で5位。この種目の日本勢では初入賞だったが、スタート前に脚がつりかけており、本人は納得していない。決勝で最高のパフォーマンスを発揮できれば、歴史を塗り替えることになるだろう。

　大学の後輩に当たる村竹ラシッドも上位候補だ。昨年9月に泉谷が保持する日本記録（13秒04）に並んでおり、複数の日本人選手が決勝の舞台に立つのも夢ではない。

お家芸4×100m

それから日本のお家芸となって

まだいるメダル候補 陸上

20km競歩で金も狙える

池田向希

いけだ・こうき、1998年生（26歳）、静岡県浜松市出身、身長168㎝、体重52kg、旭化成所属、自己ベスト1時間16分51秒（WR1時間16分36秒）

いる男子4×100mリレーも熱い。東京五輪はバトンミスに泣いたが、ブダペスト世界陸上は5位入賞。今年4月の世界リレーでも4位に食い込んでいる。今大会は25歳のサニブラウン・アブデル・ハキームと20歳の柳田大輝が軸となる。

　サニブラウンは世界陸上の100mでもオレゴン大会で7位、ブダペスト大会で6位と2年連続の入賞。今季は課題だったスタート部分が良くなり、日本記録更新の予感が漂っている。柳田は昨年7月のアジア選手権を10秒02で制しており、個人種目での活躍も期待できる。

400mで決勝も

　男子4×400mリレーも上位が狙える種目だ。ブダペスト世界陸上はメンバー候補を欠き、決勝進出を逃したが、オレゴン世界陸上では4位入賞。メダルにあと一歩まで迫った。

　ブダペスト世界陸上の400m

4×100m、100mに出場

サニブラウン・アブデル・ハキーム

1999年生（25歳）、福岡県北九州市生まれ、東京都育ち、身長190㎝、体重83㎏、東レ所属、自己ベスト100m9秒97（WR9秒58）

では佐藤拳太郎が32年ぶりの日本記録となる44秒77で予選を突破。中島佑気ジョセフと佐藤風雅も準決勝を好走している。個人種目でも決勝に進出する選手が現れるかもしれない。

男子４００ｍハードルの豊田兼にも注目したい。フランス人の父を持つ慶大生で、昨秋に日本歴代6位の48秒47をマーク。今季はセイコーゴールデングランプリを日本歴代5位の48秒36で制している。

１１０ｍハードルとの〝二刀流〟で急成長中。自身のルーツがあるパリでさらに進化した姿を見せてくれるだろう。

東京に続いて上位入賞を

男子３０００ｍ障害の三浦龍司は東京五輪で7位、ブダペスト世界陸上で6位。マルチランナーの田中希実は世界大会に滅法強く、東京五輪は１５００ｍで日本記録を2度塗り替えて、8位入賞。ブダペスト世界陸上は５０００ｍの予選で日本記録を更新して、同決

陸上

次は上位入賞を

女子中長距離界期待の星
田中希実

たなか・のぞみ、1999年生（24歳）、兵庫県小野市出身、身長152㎝、体重41kg、New Balance所属、自己ベスト1500m3分59秒19（WR3分49秒11）、5000m14分29秒18（WR14分00秒21）

勝でも8位に食い込んだ。

女子1万mの廣中璃梨佳も東京五輪とブダペスト世界陸上で7位入賞を果たしている。他に男子走り高跳びの真野友博と赤松諒一、走り幅跳びの橋岡優輝、20㎞競歩の池田向希は世界大会の入賞経験者だ。

最後は「五輪の華」と呼ばれるマラソン。男子は小山直城、赤﨑暁、大迫傑。女子は鈴木優花、一山麻緒、前田穂南が代表に選ばれている。東京五輪では大迫が6位、一山が8位に入っており、パリでも熱いレースを期待したい。

（酒井政人）

3000m障害で2大会連続を

三浦龍司

みうら・りゅうじ、2002年生（22歳）、島根県浜田市出身、身長168㎝、体重56kg、SUBARU所属、自己ベスト8分09秒91（WR7分51秒11）

陸上

フィールドで入賞を狙う

走り高跳びで安定した力

真野友博

しんの・ともひろ、1996年生（27歳）、広島県出身、九電工所属、自己ベスト2m 31（WR2m 45）

走り幅跳びで東京五輪入賞

橋岡優輝

はしおか・ゆうき、1999年生（25歳）、埼玉県浦和市出身、身長183㎝、体重76kg、富士通所属、自己ベスト8m 36（WR8m 95）

※真野友博選手、橋岡優輝選手のパリ五輪出場はまだ決まっていません（2024/5/28現在）。

陸上

400mで世界に挑戦

400mHで日本歴代5位

豊田 兼

とよだ・けん、2002年生（21歳）、東京都出身、身長195cm、慶應義塾大学所属、自己ベスト48秒36（WR 45秒94）

※豊田兼選手のパリ五輪出場はまだ決まっていません（2024/5/28現在）。

400mで日本新の記録を持つ

佐藤拳太郎

さとう・けんたろう、1994年生（29歳）、埼玉県出身、身長173㎝、体重63㎏、富士通所属、自己ベスト44秒77（WR 43秒03）

陸上

マラソンニッポン復活へ

19年ぶりのマラソン日本新

前田穂南

まえだ・ほなみ、1996年生（28歳）、兵庫県尼崎市出身、身長166㎝、体重44㎏、天満屋所属、自己ベスト2時間18分59秒（世界最高2時間11分53秒）

2月の大阪マラソンで自己新

小山直城

こやま・なおき、1996年生（28歳）、埼玉県日高市出身、Honda所属、自己ベスト2時間6分33秒（世界最高2時間00分35秒）

柔道

最も金に近い二人

女子52kg級

阿部 詩

あべ・うた、2000年生（24歳）、兵庫県神戸市出身、身長158㎝、パーク24所属、2023世界選手権ドーハ金、得意技：内股、袖釣込腰

兄が目指すは五輪四連覇！

スター選手の登場というのはいつも突然、予期せぬ形でやってくるものだ。あれは２０１４年秋、階級別日本一を決する講道館杯の66kg級に神港学園高校の２年生が出場し、史上最年少で優勝を遂げた。ふてぶてしく畳に上がり、年上の柔道家を豪快になぎ倒していく。その名は阿部一二三といった。古めかしい言い方をすれば、「柔よく剛を制す」という柔道の魅力を体現する17歳であり、14年のロンドン五輪で金メダルが「０」に終わった男子柔道界の救世主のように思えたものだ。

そして、放つ言葉も当時から大物だった。

「憧れは五輪３連覇の野村忠宏さん。３連覇しただけでは越えたことにはならないので、僕は五輪４連覇を目指します」

一二三の名は「一歩一歩、人生を歩んで欲しい」という意味が込められているが、世界トップへの

男子66kg級

阿部一二三

あべ・ひふみ、1997年生（26歳）、兵庫県神戸市出身、身長167㎝、パーク24所属、2023世界選手権ドーハ金、得意技：背負投、袖釣込腰

階段を一段飛ばしどころか二段飛ばしで駆け上がっていく。

投げにこだわる妹

その2年後の16年、女子柔道界にも新星が現れる。夙川学院高校の1年生で、一二三の3歳下の妹・詩だ。兄と同じく講道館杯（52㎏級）で全国デビューを果たすと3位入賞。畳の上での立ち居振る舞いからして兄と酷似し、袖釣り込み腰や内股といった大技で「一本」の山を築いていく。そして翌年の講道館杯、グランドスラム東京を制し、階級の第一人者となる。彼女もまた愛らしい笑顔で壮大な夢を口にした。

「これから『阿部詩の時代』を続けていきたいと思います。自分の柔道は『一本を取りに行く柔道』。いろんな技で投げたいんですけど、みんなが驚く、みんなが沸くのは担いで投げることかなと思っているので、そこにはこだわっています」

東京五輪までの道のりは対照的

柔道

銀以上は確実か

女子57kg級

舟久保遥香

ふなくぼ・はるか、1998年生（25歳）、山梨県富士吉田市出身、身長162㎝、三井住友海上女子柔道部所属、2023世界選手権ドーハ銀、得意技：小内刈、寝技

だった。国内外で無敵を誇った詩に対し、一二三は丸山城志郎という国内のライバルに、一時は代表争いで大きく引き離されていた。しかし、コロナ禍によって東京五輪が一年延期となり、代表決定が先送りとなったことが一二三には幸いした。20年の12月に両者による一騎討ちが行われ、一二三は勝利、代表に決まった。

　五輪の柔道競技において男子66kg級と女子52kg級は同日に開催される。それゆえ、早い段階から柔道界のみならず国民から兄妹同日Vを期待され、紆余曲折を経て兄妹はそれを完遂した。東京五輪から3年が過ぎ、その間、柔道界の顔として「阿部時代」を築いてきた。4月に行われた壮行会で一二三はこう話した。

「パリ五輪では自分の柔道を世界中に見せつけて、オール一本勝ちで2連覇を達成したいです。今も僕は4連覇を目指している。パリは通過点といえば通過点です」

　詩は金メダルを当然のように期

女子48kg級
角田夏実
つのだ・なつみ、1992年生（31歳）、千葉県八千代市出身、身長161㎝、SBC湘南美容クリニック所属、2023世界選手権ドーハ金、得意技：内股、巴投げ、関節技

待される重圧も、緊張感も「ない」と断言した。

「これからの人生を豊かにするためにも、しっかり勝ち取らないといけないと思います」

100kg超級復活なるか

柔道界で阿部兄妹の時代が続く一方で、低迷するのが男子100kg超級だ。山下泰裕氏や斉藤仁氏（故人）、井上康生氏、そして鈴木桂治氏と、歴代の男子監督はみな最重量級の金メダリストだが、08年北京大会の石井慧氏以降、金メダリストは生まれていない。

　復権を期してパリの畳に送り出される代表は、斉藤立である。今は亡き斉藤仁氏の次男だ。幼少期に自宅で厳しい指導を受け、父譲りの体落としを得意技とする。ロンドン、リオと連覇を果たした〝絶対王者〟にして地元・フランスの英雄であるテディ・リネールに勝利して戴冠すれば、スターダムに上り詰めることになるだろう。

　また永瀬貴規（男子81kg級）、

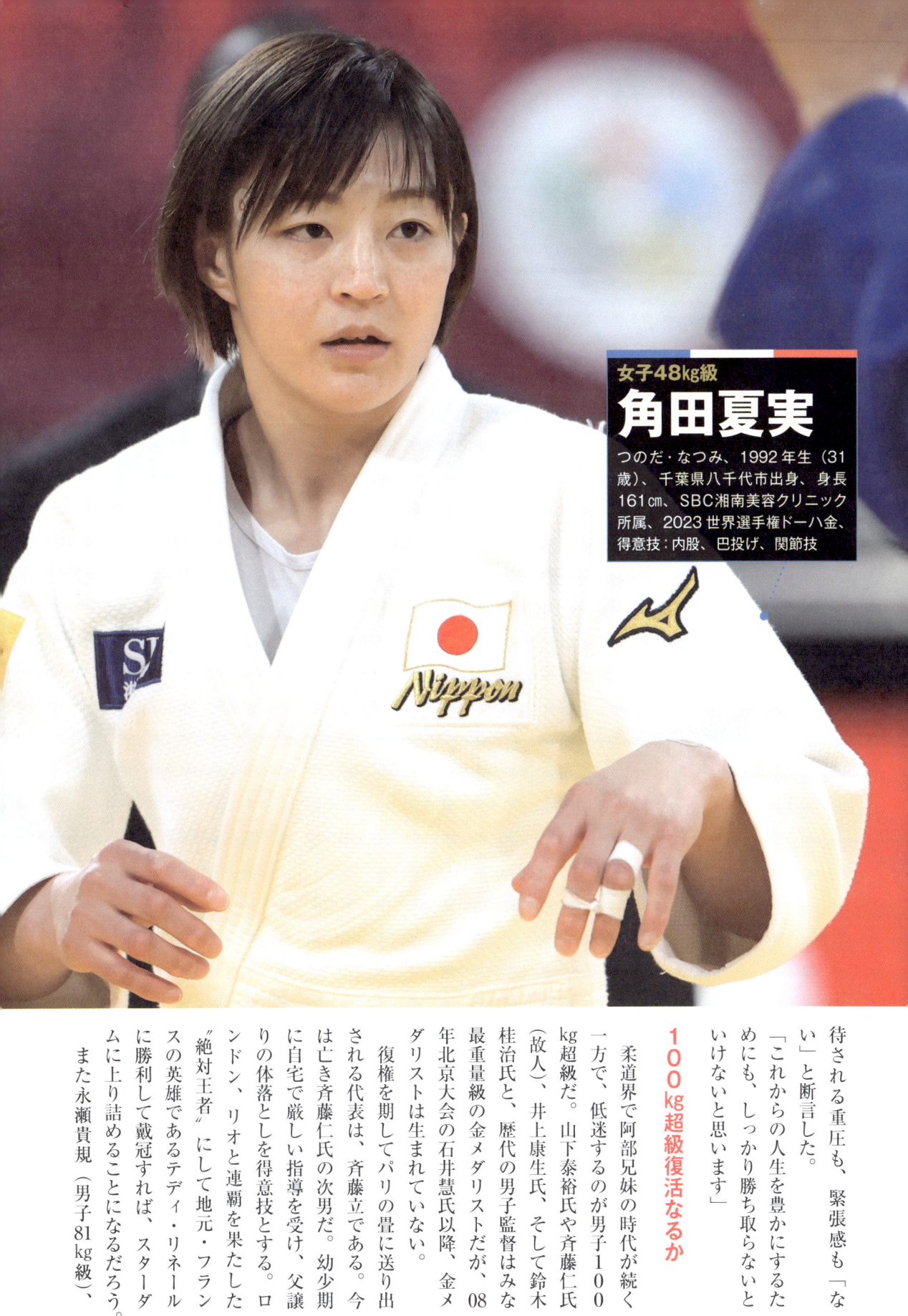

柔道

よりいい色のメダルを狙え

男子73kg級

橋本壮市

はしもと・そういち、1991年生(32歳)、静岡県浜松市出身、身長170㎝、パーク24所属、2023世界選手権ドーハ銅、得意技：袖釣込腰、一本背負投

ウルフ・アロン（男子100kg級）、素根輝（女子78kg級）の3人が、阿部兄妹と共に東京五輪に続く連覇を狙う。

また、高藤直寿がいた男子60kg級の永山竜樹や、五輪二連覇の大野将平が君臨した男子73kg級の橋本壮市など、初出場の選手たちにも注目だ。

男女あわせて9個の金メダルを獲得した東京五輪に続く金メダルラッシュに期待したい。

（柳川悠二）

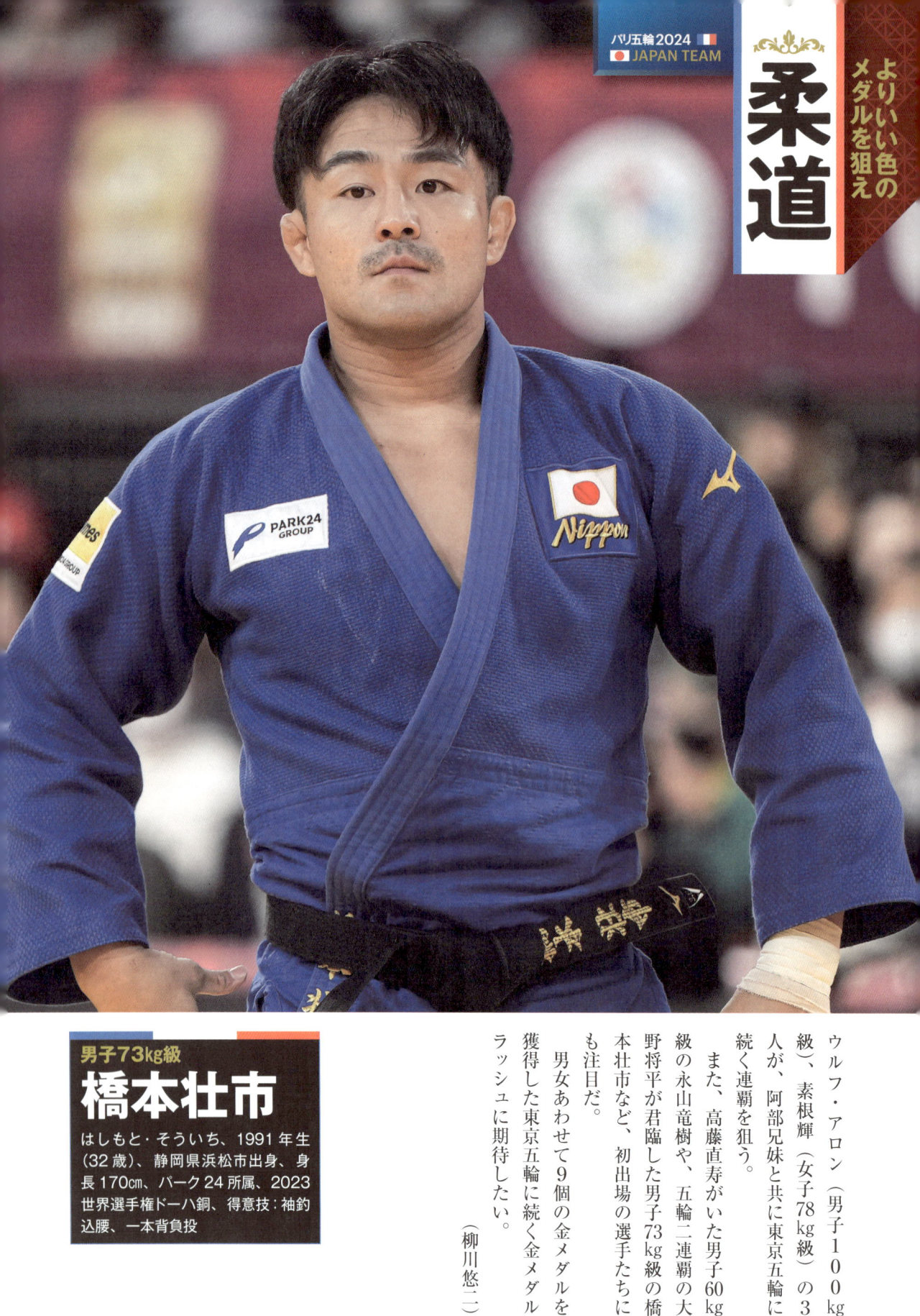

男子100kg超級

斉藤 立

さいとう・たつる、2002年生（22歳）、大阪府出身、身長191㎝、国士舘大学所属、2022世界選手権タシケント銀、得意技：大外刈、体落

柔道

金を狙う!

男子100kg級

ウルフ・アロン

1996年生(28歳)、東京都葛飾区出身、身長181㎝、パーク24所属、2020東京オリンピック金、得意技:大外刈

男子60kg級

永山竜樹

ながやま・りゅうじ、1996年生(28歳)、北海道美唄市出身、身長156㎝、SBC湘南美容クリニック所属、2023グランドスラム東京金、得意技：背負投、袖釣込腰

柔道

相手を投げ飛ばせ!

女子78kg超級

素根 輝

そね・あきら、2000年生(24歳)、福岡県久留米市出身、身長162㎝、パーク24所属、2023世界選手権ドーハ金、得意技:大外刈、体落

男子90kg級

村尾三四郎

むらお・さんしろう、2000年生(23歳)、アメリカ・ニューヨーク州出身、身長180㎝、東海大学所属、2023世界選手権ドーハ銀、得意技：内股、大外刈

柔道

強い日本を見せろ！

男子81kg級

永瀬貴規

ながせ・たかのり、1993年生（30歳）、長崎県長崎市出身、身長181㎝、旭化成所属、2023世界選手権ドーハ銅、得意技：内股、足技

女子70kg級

新添左季

にいぞえ・さき、1996年生（28歳）、奈良県橿原市出身、身長170㎝、自衛隊所属、2023世界選手権ドーハ金、得意技：内股

柔道

狙うは金!

女子78kg級

髙山莉加

たかやま・りか、1994年生（30歳）、宮崎県都城市出身、身長169㎝、三井住友海上所属、2024グランドスラムタシケント金、得意技：払腰、寝技

女子63kg級

高市未来

たかいち・みく、1994年生（30歳）、東京都八王子市出身、身長163㎝、小松製作所所属、2023グランドスラム東京金、得意技：内股、大内刈、小外刈、寝技

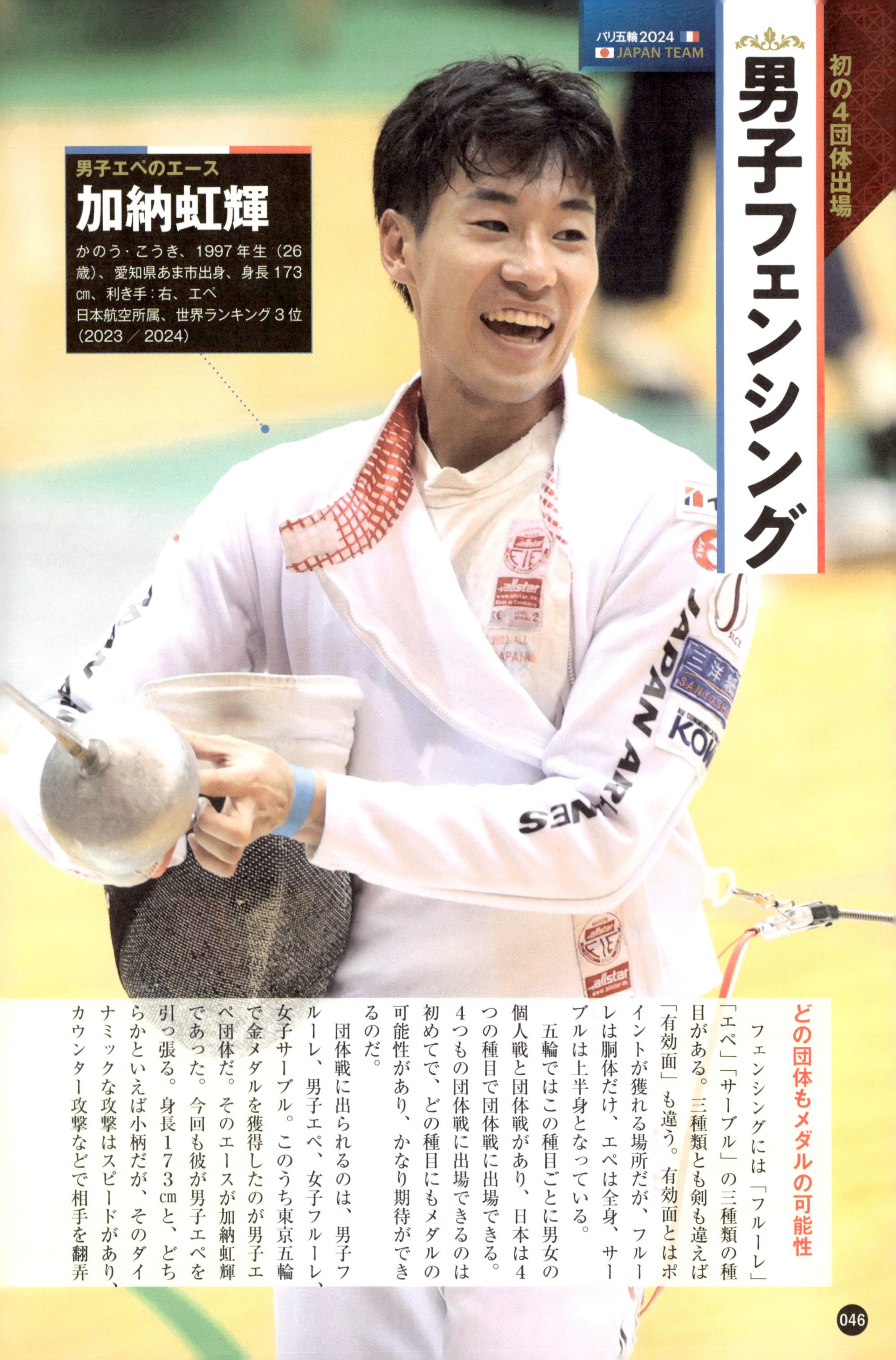

男子フェンシング

初の4団体出場

男子エペのエース

加納虹輝

かのう・こうき、1997年生（26歳）、愛知県あま市出身、身長173㎝、利き手：右、エペ
日本航空所属、世界ランキング3位（2023／2024）

どの団体もメダルの可能性

フェンシングには「フルーレ」「エペ」「サーブル」の三種類の種目がある。三種類とも剣も違えば「有効面」も違う。有効面とはポイントが獲れる場所だが、フルーレは胴体だけ、エペは全身、サーブルは上半身となっている。

五輪ではこの種目ごとに男女の個人戦と団体戦があり、日本は4つの種目で団体戦に出場できる。4つもの団体戦に出場できるのは初めてで、どの種目にもメダルの可能性があり、かなり期待ができるのだ。

団体戦に出られるのは、男子フルーレ、男子エペ、女子フルーレ、女子サーブル。このうち東京五輪で金メダルを獲得したのが男子エペ団体だ。そのエースが加納虹輝であった。今回も彼が男子エペを引っ張る。身長173㎝と、どちらかといえば小柄だが、そのダイナミックな攻撃はスピードがあり、カウンター攻撃などで相手を翻弄

太田雄貴二世

飯村一輝

いいむら・かずき、2003年生(19歳)、京都府出身、身長170㎝、利き手:右、フルーレ
慶應義塾大学所属、世界ランキング12位(2023/2024)

する。

2023年2月のワールドカップ・カイロ大会で12年ぶりに金メダルを獲得したのが男子フルーレ。注目は飯村一輝。北京五輪で銀メダルを獲った太田雄貴のコーチを務めた飯村栄彦を父に持ち、英才教育を受け、世界ジュニア選手権でも優勝したことがある。19歳と若手だが、圧倒的なスピードを武器にして〝太田雄貴二世〟とも呼ばれる

女子の注目は江村美咲

女子の注目は何といっても、女子サーブルの江村美咲だ。フェンシングの日本選手として初めて世界選手権を2連覇した。フェンシングでは最も金メダルに近い選手だ。個人戦としては東京五輪では3回戦で姿を消したが、日本代表コーチに就任したフランス人のジェローム・グースの指導の下、急激に力を伸ばした。

女子サーブル団体も2022年の世界選手権で銅メダルを獲得し

二人とも金の可能性

女子フェンシング

世界選手権2連覇

江村美咲

えむら・みさき、1998年生（25歳）、大分県出身、身長170㎝、利き手：右、サーブル
立飛ホールディングス所属、世界ランキング2位（2023／2024）

ており、メダルの可能性は低くはない。その時のチームの仲間だった福島史帆実が健在で、リザーブに尾崎世梨もいる。

女子フルーレは日本勢では世界ランキングトップの東晟良がいる。彼女は韓国で開かれた国際大会の個人戦では準優勝している。鋭い踏み込みからの攻撃で相手からポイントを稼ぐ。団体の主力としても活躍し、2023年の世界選手権では銅メダルを獲得した。

（編集部）

2023世界選手権で銅メダル

東 晟良

あずま・せら、1999年生（24歳）、和歌山県出身、利き手：右、フルーレ 株式会社PEAKS所属、世界ランキング10位（2023／2024）

レスリング

金の複数獲得を期待

女子フリースタイル50kg級

須﨑優衣

すさき・ゆい、1999年生（25歳）、千葉県松戸市出身、身長153㎝、早稲田大学所属、2024第一回世界ランキング1位

吉田沙保里を目指した少女時代

日本の女子レスリングは伝統的に強い。パリ五輪でも複数の金メダルが狙える。

特に、東京五輪で金メダルに輝いた女子フリースタイル50kgの須﨑優衣選手はその筆頭だ。現在、2014年に国際大会にデビューして以来、外国選手に負け知らず。特に圧巻だったのは、2024年1月のザグレブで行われたUWWランキング大会だ。失点は、二試合目に行われたロシアのエリザベータ・スミルノワ選手との2失点だけだった。

彼女は父親が早稲田大学のレスリング部出身だった影響で小学校の時からレスリングを始めた。小学3年の時には全国少年少女選手権で優勝し、4年の時は2位だったが、5年と6年の時は優勝している。そのとき、彼女は霊長類最強女子と言われた吉田沙保里が五輪で活躍する姿を見て金メダルを獲りたいと思ったという。

女子フリースタイル53kg級

藤波朱理

ふじなみ・あかり、2003年生（20歳）、三重県四日市市出身、身長164㎝、日本体育大学所属、2024第一回世界ランキング1位

吉田は3大会連続で金メダルを獲っている。須崎はパリが2個目だ。パリは通過点でしかない。

133連勝、数々の金

続いての注目は藤波朱理だ。彼女は女子フリースタイル53kg級の選手。兄は2017年世界選手権のフリースタイル74kg級で銅メダルを獲った総合格闘家の藤波勇飛だ。彼女は中学2年の全国中学選手権の決勝で敗れて以来、国内外の16大会で連続優勝している。

それだけではない。2024年1月のSTIカップ東日本女子リーグ戦では、育英大学戦で1階級上の57kg級世界チャンピオンである櫻井つぐみを5－0のスコアで破っている。この櫻井もパリ五輪の金メダル候補だから、その強さは群を抜いている。

そして、この大会で藤波は連勝記録を133まで伸ばした。3月に右肘を脱臼したことが唯一の気がかりだが、万全の体調になれば敵う者はいない。

五輪の金（4つ）を超えるか

レスリング

女子フリースタイル57kg級

櫻井つぐみ

さくらい・つぐみ、2001年生（22歳）、高知県出身、身長156㎝、育英大学所属、2024第一回世界ランキング2位

　藤波に負けてしまった櫻井だが、先に書いたように彼女も金メダル候補だ。彼女も小学校時代から全国大会で何度も優勝を飾っている。ここ数年出場した世界選手権やアジア大会、世界カデット選手権はいずれも金メダルを獲得している。

　ただし、唯一の気がかりは、２０２４年１月に藤波に負けたあと行われたアジア選手権ではじめて優勝を逃し2位にとどまったことだ。４月からは育英大学の助手となり環境も少し変わったが、この負けを引きずらなければ金は間違いないだろう。

　他にも女子フリースタイルにはメダル候補がいる。62kg級の元木咲良だ。２０２３年のベオグラード世界選手権では銀メダルに輝いている。４月からは櫻井と同じ育英大学の助手になった。もう一つ飛躍して金メダルを狙ってほしい。

　そして、女子最重量級で76kg級の鏡優翔もメダル候補の一人だ。彼女は２０２３年のベオグラード世界選手権で金メダルに輝いてい

女子フリースタイル62kg級

元木咲良

もとき・さくら、2002年生（22歳）、埼玉県出身、身長160㎝、育英大学所属、2024第一回世界ランキング2位

る。女子の最重量級で優勝したのは浜口京子以来20年ぶりだった。4月からはサントリーに入社したが、練習拠点は東洋大学に置く。世界選手権の勢いのまま、パリに向かってほしい。

他にも62kg級には尾崎野乃香がいる。彼女にも期待したい。

悔しさをバネにパリで金を

ここ数年、レスリングは女子に注目が集まるばかりだが、男子にもメダル候補はいる。男子グレコローマンスタイル60kg級の文田健一郎選手だ。東京五輪で銀メダルを獲得している。決勝ではキューバの選手に負けて号泣した。その悔しさは今でも残る。

グレコローマンスタイルは相手の足を攻撃できない。そのため日本ではフリースタイルの方に人気で一歩負けている。しかし、グレコローマンには豪快な投げ技がある。文田は東京五輪の前に膝の靭帯を損傷し、それでも不屈の精神で怪我を乗り越えてきた。パリ五

レスリング

男子にもメダル候補か

女子フリースタイル76kg級

鏡 優翔

かがみ・ゆうか、2001年生（22歳）、栃木県出身、身長167㎝、東洋大学所属、2024第一回世界ランキング2位

輪では東京の悔しさをぶつけてほしい。

男子にはもう一人注目の選手がいる。男子フリースタイル57kg級の樋口黎だ。樋口も東京五輪では悔しい思いをした。東京の前のリオ五輪で銀メダルを獲得し、次は金だと挑んだ東京五輪の代表決定戦で、惜しくも敗れ出場は叶わなかった。

２０２３年、樋口は結婚した。そしてパリへの出場権も獲得した。狙うのは金のみ。活躍を期待したい。

（編集部）

男子グレコローマン60kg級

文田健一郎

ふみた・けんいちろう、1995年生(28歳)、山梨県韮崎市出身、身長168㎝、ミキハウス所属、2024第一回世界ランキング3位

レスリング

悔しさを糧に立ち上がれ

男子フリースタイル57kg級

樋口 黎

ひぐち・れい、1996年生（28歳）、大阪府出身、身長164㎝、ミキハウス所属、2024第一回世界ランキング2位

五輪で大きな輪を描いてほしい

BMXフリースタイル

BMXフリースタイル男子パーク

中村輪夢

なかむら・りむ、2002年生（22歳）、京都府京都市出身、身長168㎝、体重63㎏、ウイングアーク1st所属、世界ランキング4位

名前に託されたオリンピックでの活躍

BMXフリースタイルは6月20日から始まる五輪予選シリーズ・ブダペスト大会で出場が決まる。ここで紹介する中村輪夢は、まだ出場は確定していないが、パリに出場すれば、メダルが大いに期待できる選手である。

東京五輪ではBMXフリースタイル男子パークで5位に入賞している。もちろんパリではメダルを狙う。父親である中村辰司も元BMXライダーであり、名前の輪夢も、自転車の車輪の部品である「リム」と車輪の「輪」から名付けた。

それだけではない。「輪」には、もうひとつ五輪の輪の意味もある。五輪で活躍することが運命づけられた名前なのだ。ブダペスト大会を突破して、五輪のパークで自転車の大きな輪を描いてほしい。

（編集部）

※中村輪夢選手のパリ五輪出場はまだ決まっていません（2024/5/28現在）。

ワクワクドキドキの新競技

ブレイキン

得意技はフリーズ

半井重幸

なからい・しげゆき、2002年生（22歳）、大阪府大阪狭山市出身、身長166cm、体重56kg、クラブ：TEAM G-SHOCK、チーム：Redbull BC One All Stars、愛称：Shigekix

アクションスポーツのパリの初種目

パリ五輪で初めて競技として導入された、ブレイクダンスの名で知られる「ブレイキン」。男女それぞれ16人のみが参加して行われ、各国の代表は2人までだ。

そのブレイキン日本代表の第一号になったのが、半井重幸だ。彼はブレイクダンスの世界的大会レッドブルＢＣｏｎｅの歴代最年少優勝者でもある。

7歳の時、姉の影響を受けてブレイクダンスを始めた。彼の得意技は、体の動きを一時制止するフリーズ。音楽とダンスの調和を最も大切にするフリーズと、対照的な高速なパフォーマンスで観客を魅了する。

2023年の世界選手権では銅、2022年の杭州アジア大会では金メダルを獲得し、パリでも有力なメダル候補だ。

女子も有力なメダル候補

ブレイキンは女子にも有力なメ

遅咲きのブレイクダンサー

福島あゆみ

ふくしま・あゆみ、1983年生（40歳）、京都府出身、身長154㎝、Body Carnival所属、愛称：AYUMI

ダル候補がいる。湯浅亜実と福島あゆみだ。もしかするとこの二人の方が、いい色のメダルを獲るかもしれない。

アクションスポーツ（スケートボードやBMXなどのX系）の最終的なパリ五輪予選は5月と6月に2大会開かれる。5月の上海大会で二人は1、2位を争い、福島が1位、湯浅が2位になった。

6月のブダペストの大会の結果次第だが、もしかすると、パリの表彰台に二人が並ぶかもしれない。ちなみに、上海大会の3位には津波古梨心が入った。沖縄の読谷高校の3年生だ。もしかすると、彼女が湯浅と福島の間に割って入ってくるかもしれない。

どちらにしろ、女子もワクワク、ドキドキのブレイキンになることは間違いない。

（編集部）

ブレイキン

第2のスケボー、メダルラッシュ

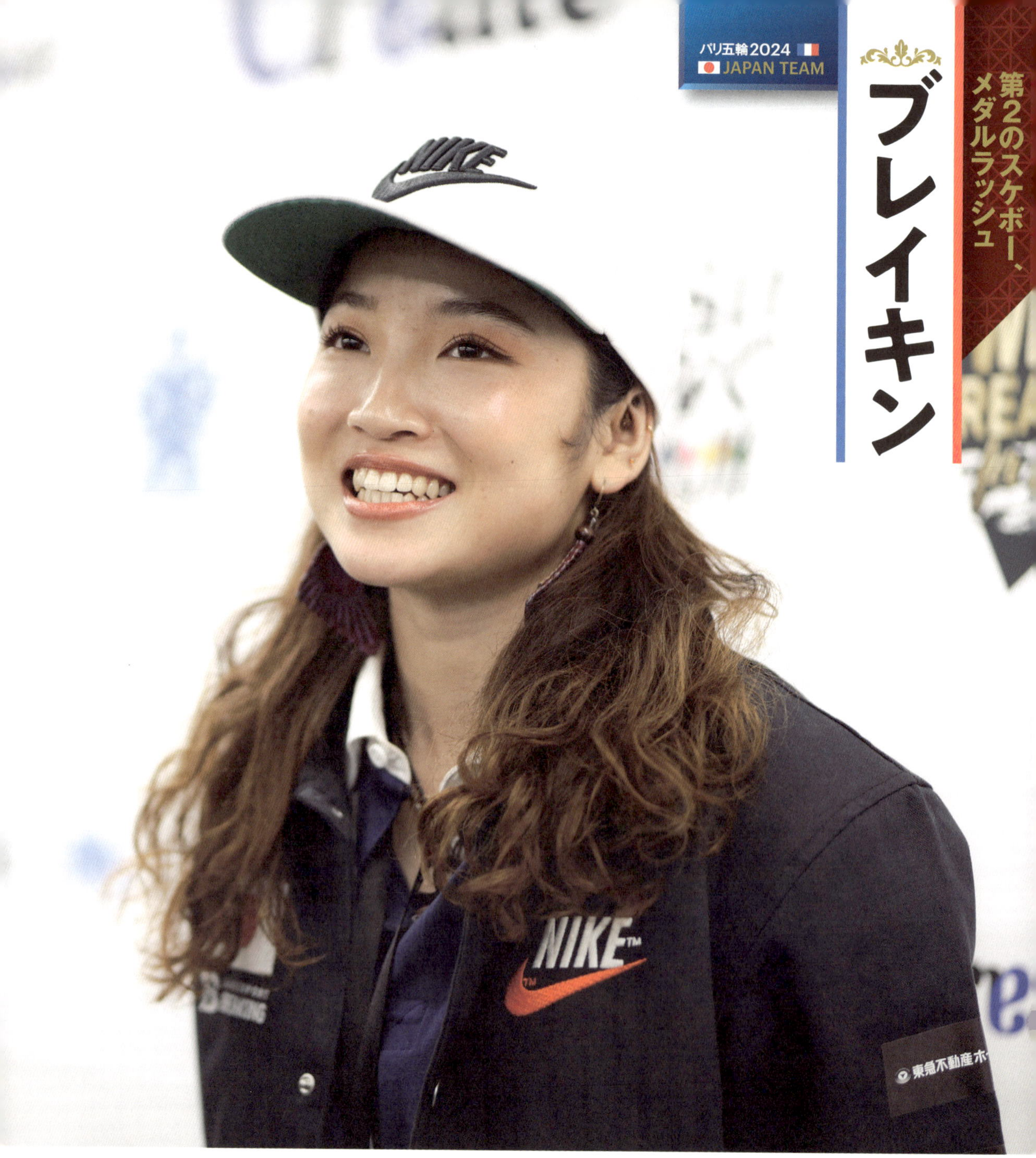

デビューは10歳、天才ダンサー

湯浅亜実

ゆあさ・あみ、1998年生(25歳)、埼玉県出身、身長154㎝、ネーム:B-Girl Ami、Good Foot Crew所属、愛称:Ami

※福島あゆみ選手、湯浅亜実選手のパリ五輪出場はまだ決まっていません(2024/5/28現在)。

二大会連続のメダルを狙う サーフィン

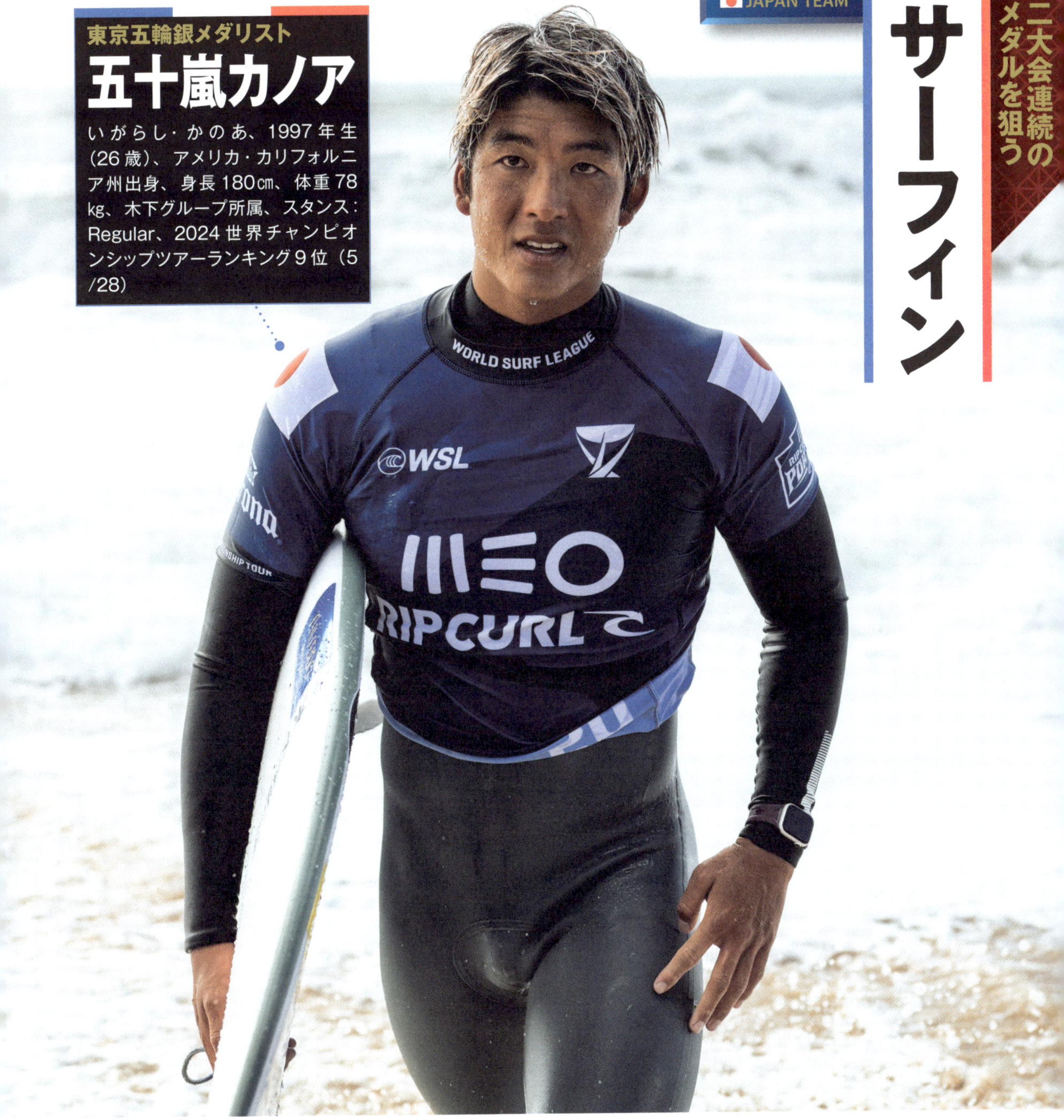

東京五輪銀メダリスト

五十嵐カノア

いがらし・かのあ、1997年生(26歳)、アメリカ・カリフォルニア州出身、身長180㎝、体重78kg、木下グループ所属、スタンス:Regular、2024世界チャンピオンシップツアーランキング9位(5/28)

モチベーションの維持が鍵

東京五輪で銀メダルを獲得した五十嵐カノア。パリでもメダル候補だ。3歳の時に父のサーフィン姿を見て、いてもたってもいられなくなってボードにまたがり、6歳の時にキッズ部門のローカルコンテストに出場していきなり優勝。さすがに東京で銀メダルを獲るだけの逸話を持ったプロサーファーである。

今回は2度目の五輪。モチベーションをどう保つかが勝敗の分かれ目だろう。くしくもサーフィン以外にも、2023年9月からはハーバード大学のビジネススクールに在学すると同時に米ピープル誌がファン投票で選ぶ「スポーツ界の最もセクシーな21人」にも選ばれた。やはり戦うモチベーションをどこまで維持できるかがメダルへの鍵となる。(編集部)

スケートボード

日本代表は出場するだけで「メダル候補」

スラッとした優雅なライディング

赤間凜音

あかま・りず、2009年生（15歳）、宮城県仙台市出身、高校一年生、オリンピックワールドスケートランキング2位（2024/ 5/20 現在）

次世代日本のエース

皆さんはご存じだろうか。スケートボードは全4種目中3種目で、日本人が世界ランクトップ10の約半数を占めていることを。だが1種目につき最大3名の代表が決まるのは6月23日。つまりこの本が発売された後。ほんの少しの勝負の綾で代表が決まる混戦状態にあって、現時点でメダル候補を挙げるのは困難を極める。

そこを前提に話を進めていくのだが、彼の選出はほぼ間違いないだろう。世界規模で最年少記録を次々と塗り替えている14歳の小野寺吟雲だ。

一度その滑りを目撃すると、多くの専門家は「ゲームのようだ」と唸る。まるでコントローラーをこう動かすとこの必殺技ができることと同じように、身体をこう動かせばこのトリックができるという感覚で滑っているように見えてしまう。彼が得意とするクルクルとボードを回転させる複合トリッ

※スケートボードのパリ五輪出場選手はまだ決まっていません（2024/5/28現在）。

@ Yoshio Yoshida / World Skate

玄人受けする繊細なトリック

開 心那

ひらき・ここな、2008年生（15歳）、北海道倶知安町出身、身長167㎝、WHYDAH GROUP 所属、オリンピックワールドスケートランキング1位（2024/ 5/20 現在）

クは、ものすごく繊細な感覚を必要とするのだが、それをポンポン披露して成功させてしまうのだから無理もない。次世代日本のエースとなるべき人物だ。

期待の同い年のふたり

次に東京五輪にて12歳11ヶ月で銀メダルを獲得し、日本史上最年少メダリストとなった開心那。彼女のこの3年間は、成長期も相まって身体が大きく成長。繊細なテクニックに力強さも加わった。

彼女の特徴は「540」（空中で身体を1回転半する大技）などの女子パークで勝つために必要とされるトリックをやらずとも優勝争いができる点にある。特にリップ（コース最上部の縁）を金属製のパーツ、トラックの前方のみで削るノーズグラインドは世界一の完成度。五輪予選でも安定した力を発揮していただけに、必ずや優勝争いに食い込んでくるだろう。

続いて開と同い年の赤間凛音。彼女はまだ日本女子選手の中でビ

 @ Yoshio Yoshida / X Games

世界一代表争いが激しい日本

スケートボード

まるでゲームのようにボードを操る

小野寺吟雲

おのでら・ぎんう、2010年生（14歳）、神奈川県横浜市出身、オリンピックワールドスケートランキング1位（2024/ 5/20 現在）

ッグネームといえる存在ではないのかもしれない。だが五輪予選における安定感はNo．1だった。

出場した大会は全て決勝進出、6位と最も順位が低かった有明での世界選手権は、鎖骨と骨盤（腸骨）の骨折から復帰間もない時期だったから。そんな彼女と他選手を比べた違いは、コンテストではあまり見ることのない動きを得意としているところ。今や代名詞となったバーリーグラインドなど、ボードと共にお腹側へ回転するフロントサイド180を応用したトリックがそれに当たる。本番ではそこから広がるバリエーションに注目したい。

順調に成長した東京のヒロイン

では女子のビッグネームは誰かというと当然彼女になる、西矢椛だ。「13歳、真夏の大冒険」で話題を振りまいた彼女は、その後も順調に成長。トリックレパートリーも増え、風貌も大人びてきた。同時に「スタイル」も滲み出るよ

@ Yoshio Yoshida / World Skate

“軽さ”があるからカッコいい

西矢 椛

にしや・もみじ、2007年生（16歳）、大阪府松原市出身、身長160㎝、体重45kg、サンリオ所属、オリンピックワールドスケートランキング5位（2024/5/20現在）

うになってきたのだが、これは言い換えるなら「個性」という言葉が適切だろう。

西矢はトリックを繰り出す際、膝の屈伸が浅いのが特徴なのだが、するとどんな難しいトリックも、あっさり簡単にこなしているように見えるのだ。技はよくわからなくても、〝なんとなくカッコいい〟が伝わる。そんな彼女の芸術点の高い動きに注目していただくと、さらに面白く観戦できるはず。

土壇場の勝負強さは生きるか

そして最後に紹介するのは、ご存知、堀米雄斗。ただ現時点で彼は出場圏外、さらに自力での出場も消滅と崖っぷちに追い込まれている。もしかしたらパリ五輪に彼の姿はないのかもしれない。

それでもここで紹介させていただいたのは、今までに幾度となく常識を覆してきた姿をこの目で見てきたから。彼の強みは目標を決めた時に何をすればいいかを考えられる思考力と実行力。東京五輪

@ Yoshio Yoshida / World Skate

スケートボード

日本のスケートボードの象徴はどうなる?

追い込まれた東京五輪金メダリスト

堀米雄斗

ほりごめ・ゆうと、1999年生(25歳)、東京都江東区出身、身長170㎝、体重53kg、三井住友DSアセットマネジメント所属、オリンピックワールドスケートランキング11位(2024/5/20現在)

で見せたように、土壇場での勝負強さは折り紙付き。しかも五輪予選以外の国際大会では、今年だけですでに2勝を挙げている。これ以上、彼についてあれこれ語る必要はないだろう。何かやってくれるような気がしてならない。もしその場所がパリ五輪ではなくなってしまったとしても。(吉田佳央)

@ Yoshio Yoshida / World Skate

パリ五輪2024 JAPAN TEAM

ボクシング

金メダルも十分射程内

ウェルター級

岡澤セオン

おかざわ・せおん、1995年生(28歳)、山形県山形市出身、身長179㎝、INSPA所属、左ボクサー、2021年世界選手権ウェルター級金

東京五輪の雪辱に燃える

ガーナ人の父と日本人の母の間に生まれ、高校生の時にボクシングを始める。大学卒業後はボクシングを引退するつもりで就職先も内定していたが、鹿児島県体育協会から2020年の鹿児島国体に向け強化指導員兼選手として誘われると、卒業後もボクシングを続ける道を選んだ。

パリ五輪は東京五輪に続いて2回目の出場。東京五輪では2回戦で金メダルを獲得したキューバのロニエル・イグレシアス選手と当たり、惜しくも3－2の判定で敗れている。パリ五輪ではその雪辱に燃える。

自らの距離で戦えれば、絶対の自信を持っており、金メダルも十分狙える実力がある。（編集部）

男子サッカー

盤石の体制で悲願のメダルへ

サイドからの突破力に期待

山田楓喜

やまだ・ふうき、2001年生（23歳）、滋賀県甲賀市出身、身長180cm、体重73kg、東京ヴェルディ所属、ミッドフィルダー

死の組に入った日本

サッカー男子U－23日本代表はパリ五輪で56年ぶりのメダルを狙っているが、その道のりは険しいものになりそうだ。抽選の結果、曲者がそろう「死の組」（パラグアイ、マリ、イスラエル）に入ったからだ。

決勝トーナメントに進出するには、南米予選でブラジルに勝利したパラグアイや2023年U－20W杯で3位になって勢いに乗るイスラエルに競り勝ち、2位以内に入らなければならない。

日本の最大の武器はサイドの突破力だ。アジア予選を兼ねたU－23アジアカップでは快速ドリブラーの平河悠（町田ゼルビア）と左利きの山田楓喜（東京ヴェルディ）が活躍。オランダでブレイク中の斉藤光毅と三戸舜介（ともにスパルタ・ロッテルダム）もパリ五輪に参加できる見込みだ。

彼らがサイドを突破し、ゴール前にクロスを上げるという形が得

快速ドリブラー

平河 悠

ひらかわ・ゆう、2001年生（23歳）、佐賀県鹿島市出身、身長171㎝、体重68㎏、FC町田ゼルビア所属、フォワード

点パターンになるだろう。残念ながら久保建英（レアル・ソシエダ）の招集はクラブの事情で叶わなそうだが、それを補って余りある選手層がある。

盤石のMFの3人

ただし、いくらサイドに優れたドリブラーがいても、そこへいい形でボールを送り込めなければ宝の持ち腐れになってしまう。そこで鍵となるのがゲームメイク力だ。

大岩剛監督は主に4－3－3のシステムを採用しており、3人のMFには長短のパスによって攻撃を組み立てることが求められる。

藤田譲瑠チマ、山本理仁（ともにシント＝トロイデンｖｖ）、松木玖生（FC東京）の3人がアジア予選に続いて中盤を組むことが濃厚だ。藤田がパスで相手の逆を突き、山本が視野の広さを生かして攻撃のリズムを変え、松木がフィジカルで相手を圧倒できれば、勝利の確率が大きく高まる。

男子サッカー

層の厚い日本のミッドフィルダー陣

熱きリーダーシップ

松木玖生

まつき・くりゅう、2003年生（21歳）、北海道室蘭市出身、身長180㎝、体重78㎏、FC東京所属、ミッドフィルダー

DFはオーバーエイジ

一方、チーム立ち上げから課題になってきたのがDFラインの不安定さだ。23歳以下のチームなのでまだ経験が浅く、1対1の守備で脆さが出やすい。

そこでパリ五輪では3人の「オーバーエイジ」（24歳以上の選手）枠を、DFラインに使う見込みだ。当初、日本代表の板倉滉（ボルシアMG）、谷口彰悟（アル・ラーヤン）、町田浩樹（ユニオン・サン＝ジロワーズ）が候補にあがった。

しかし板倉と町田は夏に向けて移籍の準備をしており、リストから外れたと言われている。Jリーグでプレーするが招集される可能性も出てきた。

いずれにしても経験豊富なDFたちが後方を支え、クレバーさと技術を併せ持つMFが中盤でアイデアを発揮し、ドリブラーたちがサイドで暴れ回れば、「死の組」を生き残れる確率が高まるだろう。

広い視野と確実なパスワーク
藤田譲瑠チマ
ふじた・じょえる・ちま、2002年生（22歳）、東京都町田市出身、身長175㎝、体重76㎏、ベルギー・シント=トロイデンvv所属、ミッドフィルダー

もしD組2位で通過すると、準々決勝でスペイン、準決勝で開催国フランスと対戦することが予想される。フランスは世界的スターのキリアン・エムバペを招集すると言われており、金メダル候補の筆頭だ。彼らとの早い段階での対戦を避けるために、日本としてはD組を1位で通過したいところだ。

1位通過の場合は準々決勝でエジプト（もしくはウズベキスタン）、準決勝でアルゼンチンとの対戦が見込まれ、決勝進出への道筋が見えてくる。

女子も厳しい組に

サッカー女子日本代表もパリ五輪では厳しい組（スペイン、ナイジェリア、ブラジル）に入った。女子は合計3組あり、各組の上位2チームと3位の成績上位2チームが決勝トーナメントに進出できる。

初戦の相手は2023年女子W杯で初優勝したスペイン。日本は

女子サッカー

ワールドカップの雪辱を果たせ

女子のキーパーソン

長谷川 唯

はせがわ・ゆい、1997年生（27歳）、埼玉県戸田市出身、身長157㎝、体重47㎏、イギリス・マンチェスター・シティー所属、ミッドフィルダー（ボランチ）

同W杯の第3戦でスペインに4対0で快勝しており、相手はリベンジに燃えているだろう。日本としては初戦に勝利して勢いに乗りたいところだ。

キーパーソンはボランチの長谷川唯（マンチェスター・シティー）だ。技術と創造性を兼ね揃え、英国メディアから23－24シーズンのイングランド女子リーグ1部のベストイレブンに選出された。

他にも長野風花（リヴァプールFC）や宮澤ひなた（マンチェスター・ユナイテッド）ら中堅が伸びている。

2023年女子W杯ではベスト8で敗退したため前評判は高くないが、2012年ロンドン五輪以来のメダルを獲得するポテンシャルは十分にある。（木崎伸也）

成長著しいボランチ選手

長野風花

ながの・ふうか、1999年生（25歳）、東京都江戸川区出身、身長160㎝、体重53kg、イギリス・リヴァプールFC所属、ミッドフィルダー（ボランチ）

卓球

中国選手の打倒を目指せ

日本の2トップ

戸上隼輔

とがみ・しゅんすけ、2001年生(22歳)、三重県出身、身長170㎝、木下マイスター東京所属(Tリーグ)、戦型:右シェーク攻撃型

メダルに近い女子団体

ここ数年の躍進が著しい日本の卓球。メダル獲得の可能性がもっとも高いのは女子団体だろう。チーム世界ランキングで2位につけている日本は、決勝までは中国とは当たらない。なおかつ中国以外に負ける可能性は極めて低く、銀メダル以上が期待できる。卓球の団体戦は、5試合のうち3試合を勝てばよい「3点先取方式」であるため、番狂わせが2試合起こっても負けはしないからだ。

懸念があるとすれば、ラケットの片面だけわざと回転がかからないラバーを貼って相手を攪乱する「異質ラバースタイル」で中国をも苦しめるインドだが、万全の準備をすれば対応できると思われる。

首尾よく決勝に進むと、相手は間違いなく王者、中国である。正直言って勝つのはかなり難しい。団体戦は3人が複数回出て戦うが、現状、世界ランキングの1位から4位までが中国選手であり、これ

女子の絶対エース

早田ひな

はやた・ひな、2000年生（24歳）、福岡県北九州市出身、身長167㎝、日本生命レッドエルフ所属（Tリーグ）、戦型：左シェーク攻撃型

に対して日本の出場メンバーは早田ひな（5位）、張本美和（8位）、平野美宇（13位）なのだから、どこをどうとっても「勝てる」などとは言えない。

中国を本気にさせてしまった

悪いことに、今年2月の世界選手権釜山大会（韓国）で、日本はあわや歴史的勝利を収めるかというところまで中国を追い詰めた。早田が東京五輪金メダリストの陳夢、平野が世界ランキング2位（当時）の王芸迪をストレートで下し、2試合を先行して王手をかけた。優勝した1971年大会以来、実に53年ぶりのことだった。最後には逆転負けを喫したが、試合後の記者会見で中国選手たちは泣いていた。そんなことはあり得ないことだった。

これのどこが「悪いこと」なのか。悪いのだ。中国は、負けそうになったとき、あるいは負けた後が恐ろしく強いことを歴史が証明している。日本が中国を最大級、

卓球

男女ともメダルを狙え

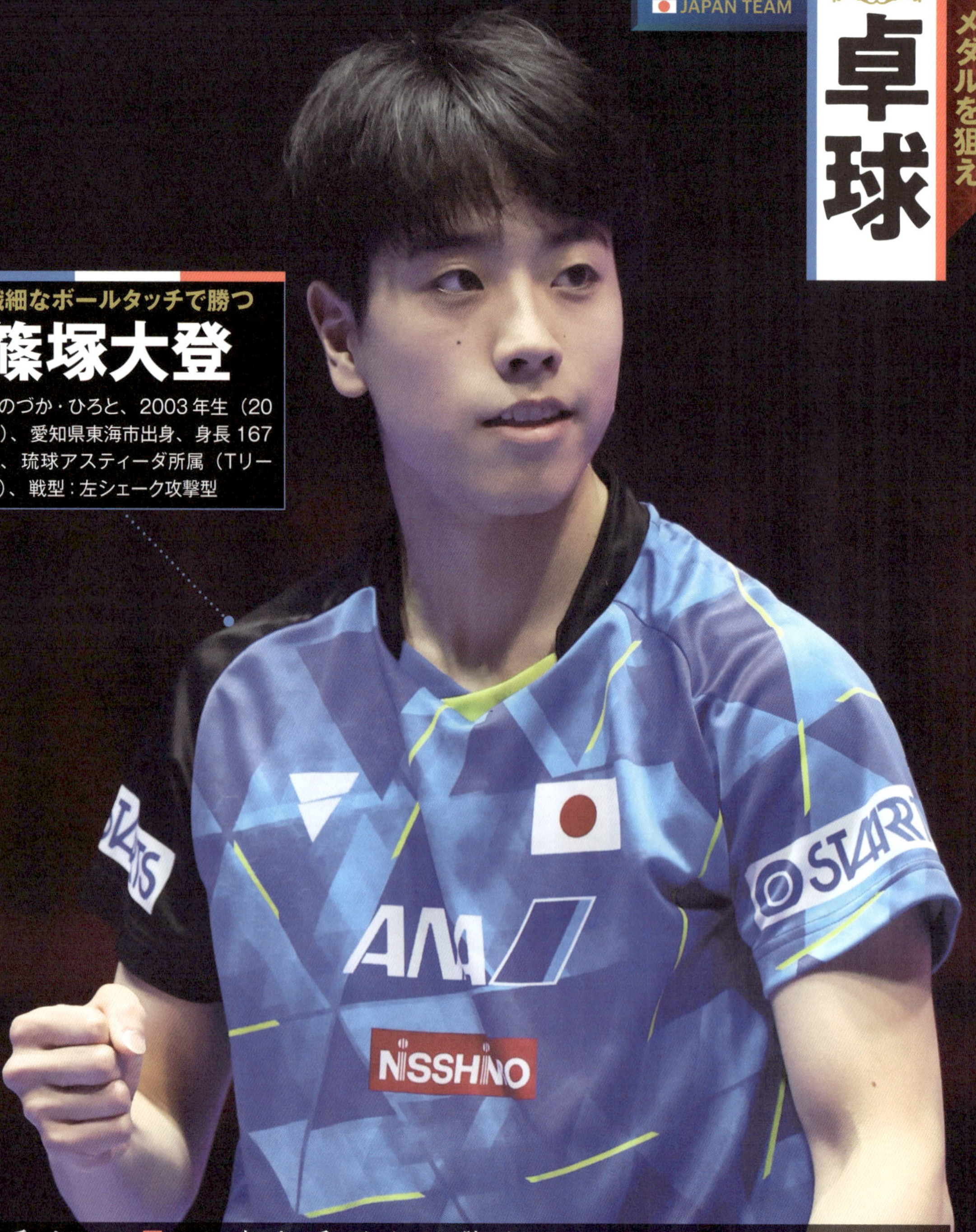

繊細なボールタッチで勝つ

篠塚大登

しのづか・ひろと、2003年生（20歳）、愛知県東海市出身、身長167㎝、琉球アスティーダ所属（Tリーグ）、戦型：左シェーク攻撃型

本気にさせてしまったことは間違いない。

その上で、勝利の可能性を探ってみる。絶対エースの孫穎莎はシングルスに2回出てくるが、これに勝つのは難しく、2点取られることは覚悟せざるをえない。となると、それ以外の3点をどうやって取るかだ。エース、早田をシングルスに2回出すと1回は必ず孫に当たるので、それは避けたい。なおかつ早田は両陣営で唯一の左腕選手なので、ダブルスに出るとパートナーの右腕選手と立ち位置が重ならず有利だ。そこで1点を死守し、シングルスで孫以外の選手に当たる50%の確率に賭ける。あとは平野と張本のいずれかで1点というのが考えられる金メダルのシナリオとなる。

早田ひなに期待

女子シングルスは早田が第3シードなので、準決勝までは中国選手と当たらず、そこで負けても銅メダル決定戦で勝つ可能性は高い。

悲願の個人でメダルを狙う

平野美宇

ひらの・みう、2000年生（24歳）、静岡県沼津市出身、身長158㎝、木下グループ所属、戦型：右シェーク攻撃型

ただし、そこで平野と対戦する可能性もあり（同国選手は必ずトーナメントの反対側になるため）、その場合は贅沢な悩みに直面することとなる。

　男子団体は、現在チームランキングが5位で、このままだと早い回で中国と当たる可能性があるため、抽選の基準となる7月16日までになんとしても4位以上に上げて4シードを得たいところ。ただし、中国以外の上位数チームは団子状態なので、それでも銅メダル確実というわけにはいかない。

中国選手次第の男子

　男子シングルスは、現状、張本智和は8シード、篠塚大登はノーシードなので、中国選手とどこで当たるかはまったくの運まかせだ。もちろんそれでもメダルに食い込む可能性はあるが、予断を許さない状況だ。

　以上、総じて男子より女子の方が、期待が持てるわけだが、当然ながら混合ダブルスはその中間と

卓球

兄妹で五輪出場

男子のエースに成長

張本智和

はりもと・ともかず、2003年生(20歳)、宮城県仙台市出身、身長176㎝、智和企画所属、戦型:右シェーク攻撃型

なる。東京五輪では水谷隼/伊藤美誠が金メダルを獲ったが、今回は張本/早田が第3シードで出場する見込みだ。各国とも1ペアのみの出場で、中国ペアと当たるのが準決勝なのか決勝なのかは抽選で決まる。ただ、中国以外は実力が伯仲しているため、何らかのメダルを獲得できるかどうかは半々ぐらいと見る。

(伊藤条太)

次世代を担う選手へ

張本美和

はりもと・みわ、2008年生（16歳）、宮城県仙台市出身、身長166㎝、木下アビエル神奈川所属（Tリーグ）、戦型：右シェーク攻撃型

バドミントン

パリは複数メダルを狙う！

男子シングルス

奈良岡功大

ならおか・こうだい、2001年生（23歳）、青森県青森市出身、身長173㎝、体重69㎏、NTT東日本所属、BWF世界ランキング5位（2024/5）

東京のリベンジを！

バドミントン日本代表は、東京五輪の雪辱に挑む。朴柱奉ヘッドコーチは「3年前の東京五輪のリベンジ」と巻き返しを誓った。

前回は、世界ランク3位以内の選手を多く揃えて複数の金メダルを期待されたが、銅メダル1個。男子のエースだった桃田賢斗（NTT東日本）が予選リーグで敗退するなど、力を発揮しきれなかった。前回ほど各選手の世界ランクは高くないが、今回も全5種目で出場権を獲得。メダル候補が多く揃った。中でも、女子シングルス、混合ダブルス、女子ダブルスの3種目は、金メダルを狙える。

3度目に挑むあかねちゃん

女子シングルスのエースである山口茜（再春館製薬所）は、3度目の五輪出場。2大会連続の8強からメダルへの前進を狙う。ダイビングレシーブを連発するなど粘り強く、隙あらば、相手の意表を

女子シングルス

山口 茜

やまぐち・あかね、1997年生（27歳）、福井県出身、身長156㎝、体重55㎏、再春館製薬所所属、BWF世界ランキング5位（2024/5）

突くショットを繰り出す。

　勝負にこだわると持ち味の大胆さを欠く課題があったが、経験を重ねて克服。安定して力を発揮できるようになった。2023年秋から負傷による欠場が増えているのが気がかりだが、21年、22年と世界選手権を連覇しており、優勝候補の一角を担う。

　中学生で日本代表に入り、今でも「あかねちゃん」の愛称で呼ばれている逸材。多くのファンの期待を受け、3度目の正直に挑む。

今度こそ金を！

　混合ダブルスの渡辺勇大／東野有紗（BIPROGY）は、前回の銅メダリスト。以降も世界選手権で21年、22年に銀、23年に銅と安定して好成績を挙げている。跳躍力とスピードがある男子の渡辺は、抜群の緩急で相手を手玉に取る技巧派。圧倒的な瞬発力を誇る東野は、女子では珍しくジャンピングスマッシュも打てる選手だ。

　ただ、前回とは違い、自分たち

バドミントン

円熟味を増した二人

混合ダブルス

東野有紗

ひがしの・ありさ、1996年生（27歳）、北海道岩見沢市出身、身長160㎝、BIPROGYバドミントンチーム所属、BWF世界ランキング3位（2024/5）

の強みを出すだけではなく、多彩な戦い方ができるようになった。渡辺は「東京では、大方の予想通り、中国2強の牙城を崩せなかった。そこから、相手の様子を見て、頭を使って戦えるようになってきた。差は縮まっている」と進化の手応えを語った。タイや韓国、香港から新たなライバルも登場しているが、混戦の中で金メダルを目指す。

中国ペアに勝てるかシダマツ

女子ダブルスは、初出場となる志田千陽／松山奈未（再春館製薬所）の「シダマツ」ペアに勢いがある。世界ランク1位の中国ペアが優勝候補だが、最近の直接対決では1点を争う接戦が多く、脅威を与えるライバルとして台頭している。松山は、相手よりも早いタイミングでシャトルを触る攻撃的なプレーが特徴だ。志田も機動力があり、連係して低い弾道の高速ラリーを仕掛けるプレーは、圧巻。志田は、海外にもファンが多い

混合ダブルス

渡辺勇大

わたなべ・ゆうた、1997年生（27歳）、東京都杉並区出身、身長167㎝、体重60㎏、BIPROGYバドミントンチーム所属、BWF世界ランキング3位（2024/5）

バドミントン界のアイドル的存在で、写真系SNSのインスタグラムでは、42万以上のフォロワーがいる。初の大舞台だが、萎縮せずに勢いを生かせれば、大きな成果が期待できる。

同種目では2度目の五輪出場で、2018年、19年に世界選手権を連覇している松本麻佑／永原和可那（北都銀行）の長身ペアも有力で、2つのメダルを狙える種目だ。

桃田を継ぐ奈良岡

他にも、世界選手権のメダリストがいる。男子ダブルスは、最も予想が困難な種目で混戦必至。初出場の保木卓朗／小林優吾（トナミ運輸）は、2021年世界選手権優勝の実力を発揮したい。

男子シングルスは、桃田の後を継いで次代を担う奈良岡功大（NTT東日本）に注目。2023年世界選手権では、銀メダル。五輪レースでは1回しか優勝がないが、コンスタントに上位に進出した。高い技術があり、意表を突くフェ

バドミントン

初出場のシダマツペア

女子ダブルス

松山奈未

まつやま・なみ、1998年生（26歳）、福岡県出身、身長166㎝、再春館製薬所所属、BWF世界ランキング4位（2024/5）

イントショットも得意とする。

同じ種目の西本拳太（ジェイテクト）、女子シングルスの大堀彩（トナミ運輸）、もダークホースとして虎視眈々とメダルを狙う。

奇しくも、日本バドミントン協会は、パリ五輪後の強化費を大幅に抑えるなど財政難に直面中。パリで東京大会の雪辱を果たし、日本の未来に光が差し込むメダルを獲得できるか、注目される。

（平野貴也）

女子ダブルス

志田千陽

しだ・ちはる、1997年生（27歳）、秋田県八郎潟町出身、身長162㎝、再春館製薬所所属、BWF世界ランキング4位（2024/ 5）

競泳

複数メダルを狙え！

200mメドレーで復活を期す

瀬戸大也

せと・だいや、1994年生（30歳）、埼玉県毛呂山町出身、身長174㎝、体重75㎏、CHARIS & Co.所属、自己ベスト200m個人メドレー1分55秒55（WR1分54秒00）

200mバタで金を狙う

本多 灯

ほんだ・ともる、2001年生（22歳）、神奈川県横浜市出身、身長173㎝、体重76kg、イトマン東進所属、自己ベスト200mバタフライ1分52秒70（WR1分50秒34）

大本命は本多灯

パリ五輪前半戦の見どころでもある競泳。メダル獲得の本命は、日本のエースにまで成長した男子200mバタフライの本多灯（イトマン東進）だろう。

2022年、2023年に行われた世界水泳選手権の200mバタフライでは、2年連続銅メダルを獲得。そして2024年2月、カタール・ドーハでの世界水泳選手権では、直前に左足首を捻挫するアクシデントに見舞われたが見事に立て直して金メダルを獲得。初の世界一に輝いた。

パリ五輪本番では、〝新〟水の怪物、レオン・マルシャン（フランス）や、ハンガリーの世界記録保持者であるクリストフ・ミラークらも調子を整えてくるだけに、2大会連続メダル獲得はそう簡単なことではない。しかし、本多はそういう厳しい勝負のときこそ燃える男だ。マルシャン、ミラークともに前半から攻めるタイプに対

競泳

世界と戦う力をどこまでつけるかが鍵！

100mバタとリレーに登場！

池江璃花子

いけえ・りかこ、2000年生（24歳）、東京都江戸川区出身、身長171㎝、体重57kg、横浜ゴム／スポーツクラムルネサンス所属、自己ベスト100mバタフライ56秒08（WR55秒48）。自由形（リレー）も参加予定。

し、本多は後半型。ラスト50mに入って一気に周囲の選手たちを食らい尽くすような脅威の追い上げを見せてくれるに違いない。

男子メドレーが熱い！

30歳の節目を迎える瀬戸大也（CHARIS&Co.）も、拠点をオーストラリアに移したことで調子を上げ始め、出場する男子200m個人メドレーでのメダル獲得の期待が高まる。

この瀬戸を五輪選考会で打ち破り、男子400m個人メドレーで代表の座を勝ち取った若手・松下知之（東洋大学）にも注目したい。初の五輪という、普通なら緊張する大舞台を前にしても、「大きな大会ほど力を出せるんですよね、僕。だから五輪本番でも爆発したいですね」と、物怖じしない。

金メダルは世界記録保持者のマルシャンという存在が立ちはだかるも、銀、銅争いは熾烈。そこに思い切りの良いレースで加わってほしいところだ。

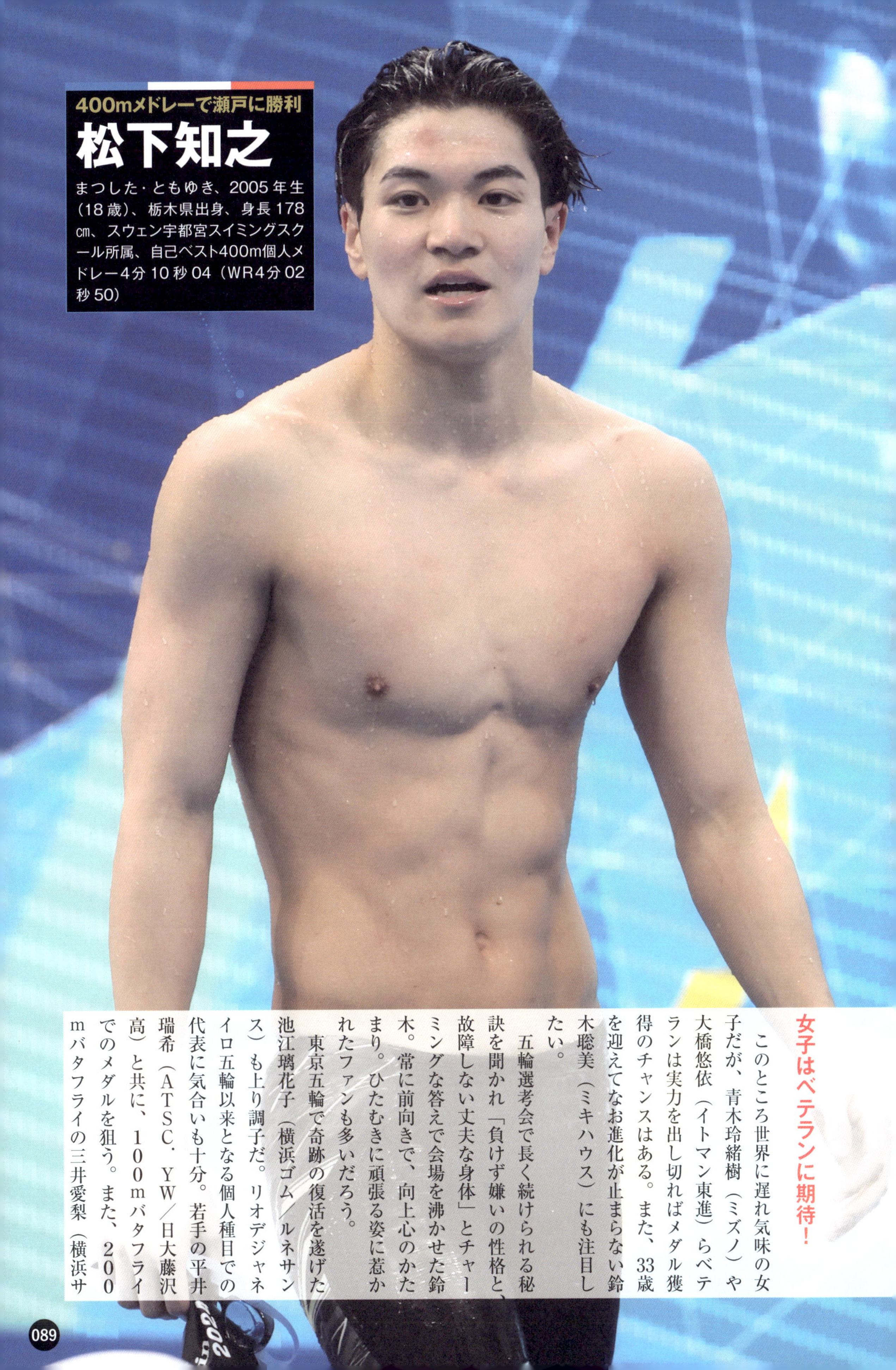

400mメドレーで瀬戸に勝利

松下知之

まつした・ともゆき、2005年生（18歳）、栃木県出身、身長178㎝、スウェン宇都宮スイミングスクール所属、自己ベスト400m個人メドレー4分10秒04（WR4分02秒50）

女子はベテランに期待！

このところ世界に遅れ気味の女子だが、青木玲緒樹（ミズノ）や大橋悠依（イトマン東進）らベテランは実力を出し切ればメダル獲得のチャンスはある。また、33歳を迎えてなお進化が止まらない鈴木聡美（ミキハウス）にも注目したい。

五輪選考会で長く続けられる秘訣を聞かれ「負けず嫌いの性格と、故障しない丈夫な身体」とチャーミングな答えで会場を沸かせた鈴木。常に前向きで、向上心のかたまり。ひたむきに頑張る姿に惹かれたファンも多いだろう。

東京五輪で奇跡の復活を遂げた池江璃花子（横浜ゴム／ルネサンス）も上り調子だ。リオデジャネイロ五輪以来となる個人種目での代表に気合いも十分。若手の平井瑞希（ATSC．YW／日大藤沢高）と共に、100mバタフライでのメダルを狙う。また、200mバタフライの三井愛梨（横浜サ

競泳

新旧パワーで世界に挑む

200mメドレーで再度のメダルを

大橋悠依

おおはし・ゆい、1995年生（28歳）、滋賀県彦根市出身、身長174㎝、体重55㎏、イトマン東進所属、自己ベスト200m個人メドレー2分07秒91（WR2分06秒12）

クラ／法政大学）、個人メドレーの成田実生（ルネサンスKSC金町24／淑徳巣鴨高）ら若手の爆発力にも注目したいところだ。

セーヌ川を味方にしたい

また、2008年の北京五輪から正式種目となった、海や川といったオープンな環境で、約2時間で10㎞を泳ぐマラソンスイミングでは、東京五輪から2大会連続代表となった南出大伸（木下グループ）、初出場の蝦名愛梨（自衛隊）が挑む。

会場はアレクサンドル3世橋をスタート地点とするセーヌ川。流れに逆らって泳ぐ場面もあり、コース取りや位置取りも勝負の大きなポイントになる。自然環境を相手にするだけに、チャンスはゼロとは言えない。泳力だけでみれば海外選手たちに劣るものの、環境を味方につける能力は高い南出と蝦名。スタートからどれだけ先頭集団に食らいつけるかが、結果を残せるかどうかの鍵となることだ

ろう。

競泳もマラソンスイミングも、ロンドン五輪をピークに世界から遅れ始めてしまっている日本。このパリ五輪が踏ん張りどころでもある。経験豊富なベテランと、怖いもの知らずの勢いが持ち味となる若手が力を合わせることこそ、メダル獲得の大きなポイントになることは間違いない。難しいことは考えず、思い切りの良いレースができれば、チャンスの女神は必ず振り向いてくれるはず。表彰台で笑顔を見せる選手たちの姿を楽しみにしたい。（田坂友暁）

100mバタで池江を破った17歳

平井瑞希

ひらい・みずき、2007年生（17歳）、愛知県刈谷市出身、身長168㎝、ATSC.YW所属、自己ベスト100mバタフライ 56秒81（WR 55秒48）

競泳

ベテランの力で歓喜を起こせ

100m平で日本記録を持つ

青木玲緒樹

あおき・れおな、1995年生（29歳）、東京都板橋区出身、身長167㎝、体重55㎏、ミズノ所属、自己ベスト100m平泳ぎ1分05秒19（WR1分04秒13）

100m平、200平で代表

鈴木聡美

すずき・さとみ、1991年生（33歳）、福岡県遠賀町出身、身長168㎝、体重62㎏、ミキハウス所属、自己ベスト100m平泳ぎ1分06秒20（WR1分04秒13）、200m平泳ぎ2分20秒72（WR2分17秒55）

マラソンスイミング

自然の力を生かせるか!

2大会連続の出場

南出大伸

みなみで・たいしん、1996年生（28歳）、和歌山県出身、身長178㎝、木下グループ所属、杭州アジア大会 10㎞4位

初出場で上位を狙う

蝦名愛梨

えびな・あいり、2001年生（22歳）、北海道出身、身長168㎝、日本体育大学所属、杭州アジア大会10㎞2位

ルールが変わって大チャンス

アーティスティックスイミング

日本最年少で、世界で優勝

比嘉もえ

ひが・もえ、2007年生（16歳）、広島県出身、身長172㎝、井村アーティスティックスイミングクラブ所属、第20回世界水泳選手権（2023、福岡）のデュエット（テクニカル）で優勝

昨年大幅なルール改正

２０２３年に大幅なルール改正が行われた、アーティスティックスイミング。技をひとつミスするだけで順位が大きく変動するようなルールとなり、選手たちへのプレッシャーが増加。本番で実力を発揮する難しさが増した。

だが、採点競技によくあるような、大会前から順位がほぼ決まっているような状況でもあっただけに、本番が始まり、そのすべてが終わるまで順位がわからないというワクワク感とドキドキ感は、今までのアーティスティックスイミングになかった面白さだ。

日本は安永真白と比嘉もえ（井村アーティスティックスイミングクラブ）のペアが出場するデュエットと、８人で行うチームの２種目に出場。前回の東京五輪では残念ながらメダルを逃した日本だが、ルール改正にうまく対応したことで一気に金メダル候補に名乗りを上げている。

ダイナミックな演技で魅了

安永真白

やすなが・ましろ、1999年生（25歳）、大阪府出身、身長167㎝、井村アーティスティックスイミングクラブ所属、第20回世界水泳選手権（2023、福岡）のデュエット（テクニカル）で優勝

そんなアーティスティックスイミングの代表チームを率いるのは、２００５年の世界水泳選手権のチームでメダルを獲得した経歴を持つ中島貴子ヘッドコーチ。日本らしさを保ちつつ、最新の流行も取り入れたルーティン（演技構成）作りに定評のあるコーチだ。

そこに、日本が得意とする同調性と正確性が掛け合わさることで、一気にメダル獲得の可能性を引き寄せることができている。東京五輪後からは、代表チームのキャプテンとして牽引してきた吉田萌（ザ、クラブ ピア・88）を中心にまとまりをみせるチームと、安永と比嘉という手足も長く、真っすぐで美しい足技が得意なふたりのデュエット。そのどちらもぜひ注目して見てもらいたい。

世界が注目する玉井

前回の東京五輪では、男子高飛込で21年ぶりの入賞を果たした玉井陸斗（ＪＳＳ宝塚）。翌年の２０２２年に行われた世界水泳選

飛び込み

中国の牙城を崩して金を狙う

3m飛板飛込でメダルを狙う
三上紗也可

みかみ・さやか、2000年生（23歳）、大阪府出身、身長155㎝、体重53kg、日本体育大学大学院／米子DC所属、ワールドカップ西安大会（2023、3m飛板飛込）で銅メダル

手権では高飛込で銀メダルを獲得。さらに今年、パリ五輪の会場となる、2023年末に完成したアクアティクスセンターで行われた、フレンチダイビングオープン2024では中国の強豪を抑えて金メダルに輝いた。

　2023年は腰痛の影響で思うような結果が残せなかったが、見事復活。飛込競技は中国が絶対的な強さを見せるなか、その中国選手を2度も打ち破った玉井への注目度は増すばかり。世界からも金メダル獲得が期待されている玉井の演技は見逃せない。

　女子の注目選手は、三上紗也可（日本体育大学大学院／米子DC）だ。世界でもごく少数の選手しか飛ぶことができない高難易度の5154B（前宙返り2回転半2回捻りえび型）という大技を武器に、3m飛板飛込でメダル獲得を狙う。

三大会連続出場の水球

　水球競技では、男子がリオデジ

10m高飛び込みで打倒中国

玉井陸斗

たまい・りくと、2006年生（17歳）、兵庫県出身、身長160㎝、体重55㎏、JSS宝塚所属、第19回世界水泳選手権大会（ブダペスト2022、10ｍ高飛び込み）で銀メダル

ャネイロ五輪から3大会連続での出場を果たす。1984年のロサンゼルス五輪から、世界の表舞台に立てなかった日本の水球。それを大きく変えたのは日本独自のディフェンスシステムだった。現在は世界から『ジャパン・システム』と呼ばれるようになった、ゴール前を固めて全員で守るのではなく、むしろゴールはキーパーだけに任せ、相手選手の真横につき、シュートを打つ前にパスカットでボールを奪い、カウンターアタックを仕掛ける戦術だ。

そんなジャパン・システムを武器に塩田義法ヘッドコーチが目指すのは、ベスト8。そのための戦力は整った。

すでに世界でもその名を馳せている稲場悠介（ブルボン）や、肩の柔軟性を生かしたシュートが見応えのある渡邉太陽（コスモネット）や、高校生代表のレフティ・井上皆（鳥羽高校）、ベテランシューターの足立聖弥（イロイ）ら攻撃陣にはぜひ注目してほしい。

水球

三大会連続出場、狙うはベスト8

縁の下の力持ちとも言える、ベテランのキーパー棚村克行（ブルボン）や、司令塔・大川慶悟（秀明大学職員）の老獪なプレーも見逃せない。

速さを競う競泳、一瞬の美を競う飛込、演技の華やかさが見どころのアーティスティックスイミング、パワフルでゲーム性の高い水球、そして戦略が見応えのあるマラソンスイミングと、見応え十分な水泳競技は、パリ五輪の全日程を通して行われる。これを機会に、競泳以外にもメダル獲得の可能性の高い水泳競技をぜひ堪能してもらいたい。

（田坂友暁）

肩の柔軟性が生む鋭いシュート

渡邉太陽

わたなべ・たいよう、2001年生（22歳）、京都府出身、身長180㎝、コスモネット所属、FP（フィールドプレーヤー）、杭州アジア大会（2023）金メダル

ワールドリーグで2年連続得点王

稲場悠介

いなば・ゆうすけ、2000年生(24歳)、富山県富山市出身、身長180㎝、体重79㎏、ブルボン所属、FP(フィールドプレーヤー)、杭州アジア大会(2023)金メダル

メダルが十分狙える

スポーツクライミング

若くして実力実績とも十分

森 秋彩

もり・あい、2003 年生（20 歳）、茨城県出身、筑波大学体育専門学群所属、IFSC クライミング世界選手権 2023：3位

二人とも世界3位で出場権を獲得

スポーツクライミングは男子複合で楢崎智亜、安楽宇斗、女子複合で森秋彩が、パリ五輪の出場が決まっている。

この中でメダルが期待できるのが楢崎と森だ。楢崎は２０２３年8月12日にスイス・ベルンで行われたＩＦＳＣクライミング世界選手権２０２３で3位に入り、五輪の出場を決めた。

彼が出場を決めると、会場で彼を見つめていた妻の野口啓代の目に涙が光った。彼女は東京五輪で銅メダルを獲得している。楢崎はステージを下りると彼女に駆け寄り力強く抱きしめた。直後のインタビューで楢崎は、啓代さんについて聞かれると、「自分以上に緊張していて、すごく応援してくれていたので、啓代の前で表彰台に立てたのは嬉しいです」と語っている。

楢崎は東京五輪で惜しくも4位に終わって表彰台を逃している。

東京の雪辱を果たす

楢﨑智亜

ならさき・ともあ、1996年生（28歳）、栃木県宇都宮市出身、身長170㎝、体重60㎏、TEAM au所属、IFSCクライミング世界選手権2023：3位

今回こそは表彰台へ、できれば、その頂上を目指している。

森も同じスイス・ベルンで行われていたＩＦＳＣクライミング世界選手権２０２３で3位となり、パリ五輪出場権を獲得した。彼女は２０１６年に12歳でリード・ジャパンカップで優勝し、天才少女の登場と騒がれた。しかし、東京五輪の予選は5位に終わり、出場は叶わなかった。

五輪は初出場だが、その実績と実力は十分に表彰台のトップを狙える力がある。

（編集部）

パリ五輪の新種目

セーリング混合470級

男子に負けない力強いクルー

吉岡美帆

よしおか・みほ、1990年生（33歳）、広島県広島市出身、身長177㎝、ベネッセセーリングチーム所属、2024世界選手権マジョルカ島銅

金を目指してペアを組んだ二人

セーリングには、4種目で日本人選手が参加することが決まっている。その中で一番期待したいのが、岡田奎樹と吉岡美帆の混合470級。

この種目はパリ五輪から男女混合となった。岡田は2大会連続、吉岡は3大会連続の五輪出場となる。ペアを組んでから、2人は2023年の世界選手権では金メダルを獲得するなど国際大会で結果を出し続けていている。

岡田は舵と帆を操る「スキッパー」で、吉岡は「クルー」としてヨットの前に乗って帆を操る。二人は操作の呼吸を合わせることを課題として取り組んできたほか、吉岡は男子選手のスピードに負けないよう、負荷の高いウエイトトレーニングも取り入れながら、俊敏性を高めるトレーニングを重点的に行ってきた。

岡田は5歳のときにセーリングを始め、中学生のころから国際大

舵と帆を操るスキッパー

岡田奎樹

おかだ・けいじゅ、1995年生（28歳）、福岡県出身、身長174㎝、トヨタ自動車東日本所属、2024世界選手権マジョルカ島銅

会で活躍を続けた。彼はパリ五輪の代表に内定したとき、「金メダルを獲る前提でペアを組んでいるので、金メダルを獲るために何をすればいいのかを明確にして、トレーニングを積んでいきたい」と話している。

　一方、吉岡は15歳のときに、高校の部活動でセーリングを始めリオ五輪で5位、東京五輪では7位と2大会連続で入賞している。

　彼女は今回のパリに向けて「五輪に向けて覚悟を決めて、これまでやってきたことをやりつつ、今後も課題をつぶしていってベストを尽くせるように頑張りたい」と意気込みを見せている。

（編集部）

高い目標に挑戦

男子バスケットボール

日本で2人目のNBA選手

渡邊雄太

わたなべ・ゆうた、1994年生（29歳）、香川県三木町出身、身長206㎝、体重98㎏、フェニックス・サンズ所属、ポジション：フォワード

男子の目標はベスト8

男子バスケットチームは44年ぶりに五輪に出場する（自国開催を除く）。現役のバスケットプレーヤーは誰一人、自力で五輪を勝ち取ったのを見たことがないだろう。それほどの偉業だった。

しかし、五輪で勝ち抜くとなると、これは厳しい。目標はベスト8だ。そのためには一次リーグ2位以内に入るか、3位の中で上位の成績を収める必要がある。一次リーグの同じグループにはランク違いと言っていいフランス（世界ランク9位）とドイツ（6位）がおり、3位でいかにいい成績を収めるかが鍵になる（日本のランクは26位）。

その鍵を握るのが八村塁と渡邊雄太だ。八村塁はまだ出場を明言していないが、渡邊は出場するだろう。日本バスケに対する愛情は誰よりも強い。この二人が活躍してくれれば、日本のベスト8は見えてくる。

NBA選手で主力を張る
八村 塁

はちむら・るい、1998年生（26歳）、富山県富山市出身、身長203㎝、体重104㎏、ロサンゼルス・レイカーズ所属、ポジション：フォワード

女子は金を狙う

女子バスケットチームは東京五輪で銀メダルを獲得した。パリ五輪での目標は金メダルだ。しかし、ハードルは低くない。メダル獲得の可能性は高いが、金となるとアメリカ（1位）、中国（2位）、オーストラリア（3位）などの強豪国を倒さなければならない。日本の世界ランキングは9位である。

金メダル獲得の鍵はセンターフォワードの馬瓜エブリンと馬瓜ステファニーの馬瓜姉妹だ。姉のエブリンは日本のリーグで活躍していることもあり、よく知られているが、妹のステファニーはスペインのリーグにいることもあって、あまり身近ではない。

しかし、妹は東京五輪ではチーム内で得点王であったし、身長も姉より2㎝であるが高い。彼女はスペインの一部リーグに所属しているサラゴサに移籍することが決まった。スペインのリーグは、日本のリーグよりはるかにレベルが

頂点を目指す 女子バスケットボール

スペイン一部リーグに移籍

馬瓜 ステファニー

まうり・すてふぁにー、1998年生（25歳）、愛知県東郷町出身、身長182㎝、体重78㎏、サラゴサ所属、ポジション：センターフォワード

高い。そこでもまれているステファニーに期待したい。

（編集部）

連続のメダルを狙う
アーチェリー

団体、個人、男女混合のすべてで金

古川高晴

ふるかわ・たかはる、1984年生(39歳)、青森県青森市出身、身長175㎝、近畿大学職員、アーチェリーの強さ：50、引き手：右

39歳のベテラン

東京五輪では男子団体と個人で銅メダルを獲得した古川高晴。個人ではロンドンで銀メダルを獲得しているからトータル3つのメダルを持っている。

今回もメダルを期待できる。特に男子団体は2023年の北京世界選手権リカーブ団体で銅メダルを獲得しているので、可能性は高い。

古川は「ほんとうは弓道をやりたかったのに、高校に弓道部がなくてアーチェリーを始めた」という。ユニークなキャラクターとベテランの味でチームを一つにまとめる。

さらに、「これまでの大会では、金メダルを目標にするとはあえて明言せずに来たが、6回目の五輪では個人、団体、男女混合のすべてで金メダルを目指す」と意気込みを語っている。弓道もアーチェリーも精神統一が大切だ。集中して金を目指してほしい。(編集部)

競輪界の女王がメダルを目指す

自転車・女子トラック

競輪年間賞金女王

佐藤水菜

さとう・みな、1998年生（25歳）、神奈川県茅ヶ崎市出身、身長163㎝、体重58kg、日本競輪選手会神奈川支部所属、2023年最優秀選手賞受賞

いま一番強いスプリンター

２０２３年の女子競輪界において最高に強かったのが佐藤水菜である。年末も押し迫った12月29日の立川競輪場。この年の女子競輪界でトップを占めた7人の選手による『ガールズグランプリ２０２３』が開催された。

　このレースで圧勝したのが佐藤である。２着の梅川風子に４車身をつける完ぺきな勝利。４回目の出場で女王に輝いた。

　佐藤は世界の大会でも実績を残している。女子競輪の世界選手権では２０２１年、２０２２年と連続銀メダルに輝いている。またUCIトラックネーションズカップでも２０２３年、２０２４年と連続金メダルを獲っている。

　２０２３年の年間賞金女王になった佐藤。その勢いのままパリ五輪に向かってほしい。（編集部）

トランポリン

負けてもともと

トランポリンの天才少女

森 ひかる

もり・ひかる、1999年生（25歳）、東京都足立区出身、身長159㎝、TOKIOインカラミ所属

自分にとって最高の演技を

東京五輪では、金メダル候補と言われ、そのプレッシャーに思うような演技ができず、上位8名にも入ることができなかった。

4歳の時、地元のイトーヨーカドーの屋上にあったトランポリンで遊んだ。こんな楽しいことがあるんだと、トランポリンに夢中になった。その後は、とんとん拍子に成長し、14歳の時に史上最年少で、全日本選手権で優勝している。

そして、悪魔の東京五輪である。あまりの重圧に1カ月前からトランポリンが飛べなくなってしまった。しかし、それは強いアスリートの宿命である。何も知らない人はどうしても期待してしまう。一度は五輪で負けた。負けてもともと、失敗してもいい、飛べなくてもいい、自分にとって最高の演技をしてほしい。

（編集部）

パリ五輪
注目の日本人選手完全ガイド

2024年6月28日　第1刷発行

著　者　　酒井政人、田坂友暁、柳川悠二、矢内由美子 ほか
発行人　　関川 誠
発行所　　株式会社宝島社
〒102-8388
東京都千代田区一番町25番地
電話　営業　03-3234-4621
　　　編集　03-3239-0928
https://tkj.jp
印刷・製本　中央精版印刷株式会社

ISBN978-4-299-05658-0

スタッフ
装丁／妹尾善史（landfish）
本文フォーマット／藤原 薫（landfish）
DTP／株式会社ユニオンワークス
編集／小林大作、中尾緑子
写真／アフロ（スケートボード以外）